世界银行研究报告

采 掘 业

经济学家、公共财政专业人士和政策制定者须知

哈弗德·哈兰德、马丁·洛坎克、阿尔温德·奈尔著
斯里达尔·帕德马纳班·卡纳安参与撰稿
世界银行组织翻译

中国财政经济出版社

图书在版编目（CIP）数据

采掘业：经济学家、公共财政专业人士和政策制定者须知 /（美）哈兰德，（美）洛坎克，（美）奈尔著；世界银行组织翻译. —北京：中国财政经济出版社，2015. 10
ISBN 978 - 7 - 5095 - 6398 - 4

Ⅰ. ①采… Ⅱ. ①哈… ②洛… ③奈… ④世… Ⅲ. ①矿业 - 研究 - 世界 ②石油工业 - 研究 - 世界 ③天然气工业 - 研究 - 世界 Ⅳ. ①F416. 1 ②F416. 22

中国版本图书馆 CIP 数据核字（2015）第 232771 号

责任编辑：孙　腾　　　　责任校对：胡永立

中国财政经济出版社出版
URL：http：//www. cfeph. cn
E - mail：cfeph @ cfeph. cn

社址：北京市海淀区阜成路甲 28 号　邮政编码：100142
营销中心电话：88190406　北京财经书店电话：64033436　84041336
北京财经印刷厂印刷　各地新华书店经销
787 × 1092 毫米　16 开　9 印张　130 000 字
2015 年 10 月第 1 版　2015 年 10 月北京第 2 次印刷
定价：22. 00 元
ISBN 978 - 7 - 5095 - 6398 - 4/F · 5154
图字：01 - 2015 - 6071
（图书出现印装问题，本社负责调换）
质量投诉电话：010 - 88190744
打击盗版举报热线：010 - 88190492、QQ：634579818

目 录

专栏

图

表

致 谢

本书是一套由两部分组成的研究报告中的一本，由哈弗德·哈兰德（Håvard Halland）、马丁·洛坎克（Martin Lokanc）和阿尔温德·奈尔（Arvind Nair）撰写，斯里达尔·帕德马纳班·卡纳安（Sridar Padmanabhan Kannan）也为此做出了贡献，他们都是世界银行的专家，编写工作由哈弗德·哈兰德牵头。这份报告是世界银行治理全球发展实践局和能源与采掘业全球发展实践局联手打造的作品，参考利用了大量的世行文件及其他公开文件。在某些情况下对相关的世行文件或世行拥有版权的文件进行了概括或压缩。而在只有世行资料来源的情况下，报告则直接从该来源摘录和概括相关材料。在第五章中，有关地理数据和地籍簿的部分就是按照这样的方式分别以 BGS International（2012）及 Ortega Girones、Pugachevsky 和 Walser（2009）为依据，而有关竞争力的部分则再现了取自 Gammon（2007）的材料。同样在第五章中，有关所有权和有关采掘业赋税的部分对取自《采掘业原始资料集》（*EI Source Book*，Cameron 和 Stanley，2012）的资料进行了概括和压缩。另外，对直接取自非世行来源的材料则在专栏中进行了复制，并注明了所引用的原出版物。因此，这份报告的目标不是展示原始研究，而是对来自大量文献的真知灼见进行审视和总结，并将它们浓缩成便于阅读的格式。对于感兴趣的读者，在相应章节的开始就标明了最具相关性的原文件。

作者对治理合作基金及其捐赠伙伴——英国国际发展部（DFID）、澳大利亚外交贸易部（DFAT）、荷兰外交部、挪威外交部——提供了编写本著作所需的全部资金深表感谢，作者还对 Yue Man Lee 对本著作的草稿进行正式审稿并提供宝贵意见，极大地提高了最终成品的质量表示感谢。Bryan Land、Marijn Verhoeven、Nicola Smithers 和 Adrian Fozzard 也就草稿提供了极其有益的反馈，Michael Stanley、Boubacar Bocoum、Adriana Eftimie、Remi Pelon 和 Noora Arfaa 分享了诸多高度相关的原始资料文件并提供了重要的见解和建议。作者非常感谢 Robert Beschel 和 Michael Jarvis 在管理方面给予的支持。Fayre Makeig 进行的编辑工作大大增加了本报告的可读性，

Xin Tong 的版面设计则大大增加了报告的视觉吸引力。Catherine Lips 争取到了取自其他资料来源的图表的版权。

作者还对那些慷慨授权我们使用他们拥有版权的图表的公司、机构和个人表示感谢，他们是：英美资源集团（Anglo American plc）、William Ascher、巴里克黄金公司（Barrick Gold Corporation）、矿产储量国际报告标准委员会（Committee for Mineral Reserves International Reporting Standards）、欧盟（European Union）、摩根大通大宗商品研究部（J. P. Morgan Commodities Research）、Paul Jourdan、Metal Bulletin Research、MinEx Consulting Pty Ltd.、阿富汗矿业和石油部（Ministry of Mines and Petroleum）、美国国家学术出版社（National Academies Press）、美国国家科学院（National Academies of Sciences）、加拿大自然资源部（Natural Resources Canada）、经济合作与发展组织（Organisation for Economic Co – operation and Development）、普林斯顿大学出版社（Princeton University Press）、现已更名为自然资源管理研究所（Natural Resource Governance Institute）的收入观察研究所（Revenue Watch Institute）、力拓集团（Rio Tinto）、美国采矿冶金勘探协会（Society for Mining，Metallurgy & Exploration）、美国石油工程师协会（Society of Petroleum Engineers）、英国 Taylor & Francis 出版集团（Taylor & Francis Books UK）、联合国欧洲经济委员会（United Nations Economic Commission for Europe）以及咨询公司 Wood Mackenzie。

报告中的所有意见、错误和遗漏均由作者负责。

作者简介

哈弗德·哈兰德是世界银行的自然资源经济学家，他的研究及咨询工作的重点是关于采掘行业的经济与金融问题，其研究和政策议程包括以资源支持的基础设施融资、主权财富基金政策、采掘业收入管理以及资源丰富国家的财政管理。他曾撰写或与他人共同撰写过学术和政策研究报告、书籍中的部分章节、杂志文章以及博客，并且经常参加国际会议和研讨会。在加入世行之前，他是国际红十字会（International Committee of the Red Cross）驻刚果民主共和国和哥伦比亚的代表兼项目经理。他在剑桥大学获得经济学博士学位。

马丁·洛坎克是世行能源和采掘业全球发展实践局的矿业专家。除了管理多个研究和全球知识项目外，他目前还负责支持和领导博茨瓦纳、津巴布韦、赞比亚、罗马尼亚、阿富汗、马拉维和不丹的采矿业开发活动。他接受过采矿工程师和经济学家的训练，通过在私营部门以及世行集团15年以上的工作，获得了矿山开发、采矿战略、矿产和能源经济学、矿业金融和经济发展等方面的全球性经验。马丁持有加拿大阿尔伯塔大学的采矿工程学士学位，并从南非University of the Witwatersrand获得了专门研究矿产经济学的采矿工程硕士学位，目前是美国科罗拉多矿业大学矿产和能源经济学专业的在读博士研究生。

阿尔温德·奈尔是驻印度尼西亚的经济学家和世行的顾问，作为宏观经济和财政管理全球发展实践局的一员，他专注于自然资源行业相关活动，特别是征税、采掘业透明度动议、采掘业对宏观经济的影响。在加入世行之前，他曾任塞拉利昂财政部（Sierra Leone's Ministry of Finance）预算办公室海外发展研究所研究员和印度金融管理与研究学院副研究员。阿尔温德拥有哈佛大学肯尼迪政府学院的公共管理和国际发展硕士学位，牛津大学的发展经济学硕士学位以及索思摩学院数学专业的荣誉学士学位。

斯里达尔·P. 卡纳安是世行的业务分析员和顾问，他代表能源和采掘业全球发展实践局帮助进行项目设计和实施并编写相关的知识材料。在加入世行之前，他在印度孟买担任塔塔集团（Tata Group of Companies ）的公司和基础设施融资法律顾问。斯里达尔拥有乔治敦大学国际商业和经济法专业的法学硕士学位，札普尔印度国家法律大学的荣誉文学士和法学士学位，另外，他还从乔治敦大学国际经济法研究所获得了世界贸易组织（World Trade Organization）研究方面的证书。

缩略语

AfDB	非洲开发银行
AGS	阿富汗地质调查局
CDA	社区发展协议
CES	恒定替代弹性
CGS	地球科学委员会
CIM	加拿大采矿、冶金及石油协会
CIMVal	加拿大矿业资产估价标准及准则
CMMI	采矿与冶金协会理事会
COG	边界品位
CRIRSCO	矿产储量国际报告标准委员会
Cu	铜
DRC	刚果民主共和国
EI	采掘业
EIA	环境影响评估
EI – TAF	采掘业技术咨询部门（世界银行所属）
EITI	采掘业透明度动议
EMP	环境管理计划
ESIA	环境和社会影响评估
ESMP	环境和社会管理计划
FOB	离岸价格
FTFs	基金会、信托和基金
GDP	国内生产总值
GRA	加纳税务局
HR	人力资源
HRD	人力资源开发
ICMM	国际矿业与金属理事会
IFC	国际金融公司

IMC	部际委员会
IMF	国际货币基金组织
IoU	使用强度
IT	信息技术
JORC	联合矿石储量委员会
KCM	肯克拉铜矿
km	公里
km^2	平方公里
LC	信用证
LED	地方经济发展
LTU	纳税大户单元
M&E	监测与评估
MBR	金属通报研究
MDAs	部、部门及机构
MPIGM	蒙古地球科学与矿业职业学会
MTEF	中期支出框架
NGO	非政府组织
NOC	国家石油公司
NPV	净现值
NRC	国家资源公司
O&M	运营与维护
OECD	经济合作与发展组织
OPEC	石油输出国组织
PERC	泛欧洲储量与资源报告委员会
PFM	公共财务管理
PIM	公共投资管理
PPP	公共—私营部门合作
PSA	产量分成协议
PV	光伏
PVC	聚氯乙烯
R&D	研发
RFI	以资源融资的基础设施
SAMREC	南非矿产勘探结果、矿产资源和储量报告准则
SAMVAL	南非矿资产评估准则
SEA	战略环境评价

SEEA	环境经济核算体系
SME	采矿、冶金与勘探协会
SMEs	中小型企业
SOE	国有企业
SPE - PRMS	石油工程师学会——石油资源管理系统
STEM	科学、技术、工程和数学
SWF	主权财富基金
UNFC	联合国化石能源和矿产资源分类框架
USGS	美国地质调查局
VA	增值
VAT	增值税
WPC	世界石油理事会

综　述

关于采掘业我们应该了解些什么?

在资源丰富的国家工作的经济学家和公共财政专业人士常常会碰到一些问题，需要对采掘行业（EI）、其背后的经济学、行业的治理、政策挑战以及自然资源财富对财政和公共财政管理（PFM）的影响有深入的了解。《经济学家、公共财政专业人士和政策制定者须知》是世界银行出版的分为两部的系列研究报告，这套报告的目标是对经济学家、公共财政专业人士和政策制定者可能碰到的采掘业相关话题进行简明扼要的概述。其中的第一部《采掘业》对这个行业进行了介绍，概括了对采掘业经济学而言堪称核心的问题、制度框架、项目和投资周期以及合同管理，并且描述了行业治理和政策的组成部分。第二部《资源丰富国家的财政管理》涉及对来自采掘业的大量收入流进行管理时通常会碰到的财政挑战。由于包括地方分税问题在内的石油和矿产的征税问题在其他地方已经进行过大量的讨论，因此，本书对这个题目只做了非常简要的处理，同时要求读者参考相关资料。

卷首的综述对这两个部分一起进行了介绍，为此，它首先列出了将采掘业与其他行业区分开来的几个关键特点和挑战，之后又考察了成功地在采掘业带动下实现发展的国家的经验，并且综合了从有关所谓资源诅咒假说（该假说称石油和矿产丰富的国家经济增长和发展成果都不及其他国家）的文献中获得的重要调查结果。综述最后依次介绍了这两个部分。

采掘业与其他行业有何不同?

在许多资源丰富的国家，采掘业在经济中所占比重特别大。特别是在29 个低收入和中低收入国家中，它更是占总出口的至少 20% 和财政收入的至少 20% 。而在这 29 个国家中有 8 个国家采掘业占到总出口的 90% 和财政总收入的 60%（国际货币基金组织，2012）。与此同时，采掘业的扩张刺激了对这些国家的投资，在2000至2012年间非洲的外国直接投资增长到原来的5倍（从100亿美元增至500亿美元）就反映出这一点（联合国贸发会议，UNCTAD，2013）。

原则上，采掘业未必比其他经济部门更复杂。各个公司在地上钻洞，从中采掘石油、天然气或矿产，运输到国内加工厂或出口地点。被采掘出来的商品非常便于称重和测量质量，国际交易所有一般商品的报价，而该行业由数量很少的几个非常大型的公司（Calder，2014）控制。尽管如此，采掘业务对经济、社会和环境构成的挑战却是巨大而多样的。

对于公司而言，勘探和开采石油、天然气和矿产涉及的地质不确定性很高，初始投资巨大，而且勘探和项目开发期很长。与此同时，石油和矿产价格的高波动性以及成本的不可预测性会导致价格和成本风险。采掘业项目还会给自然环境带来很高的风险。项目报废的费用以及某些情况下对土壤和水所受污染的清除都可能构成项目总成本的很大一部分，而通常公司会被要求提供抵押品以确保在项目运行期结束时有资金进行负责任的报废。如果在开采授权期间不予考虑的话，环境成本最终可能成为政府的负担，而不是公司资产负债表上的负债。地方层面必须考虑的因素还包括社会经济环境以及生活在采掘项目周围地区人群的健康。要减轻不利的社会和环境影响，并确保受到影响的人群能分享到的益处不断增加，资源公司可能要通过社区发展协议和社区基金会、信托机构及基金等履行特定的承诺。

对于政府而言，石油、天然气和矿产资源可耗尽、不可再生的特点构成了与最佳提取率的确定、财政制度的设计以及资源收入向投资、消费以及经常项目赤字的配置相关的挑战。地下资源的可耗尽性还会引出有关代际公平和长期财政可持续性的复杂问题。财政规划可能受到采掘业务随时间推移发生的变化以及预期和实际商品价格的显著影响。

在采掘领域，技术的专业性以及很高的资本需求为进入这个领域制造了障碍。其结果是，这个行业被拥有完整的纵向价值链和特殊知识产权的大型跨国公司所控制。在低收入国家，这往往意味着作业所需高价值机器和设备是进口的，而开采出来的自然资源是出口的。大规模的跨国业务要求资源丰富的国家建立起足够的机构能力，从而能够建立和运行有效的承包、法律及财政制度并对公司的运营进行监督。另一方面，小规模的人工开采可以为低收入家庭提供生计，但若大量使用有毒化学物质，则在清除污染的责任必须由政府承担的情况下，可能给政府造成大量负债。

自然资源的开采地点是由地理环境预先决定了的；采掘项目（与其他行业不同，比如制造业）无法转移到成本较低的地点。与此同时，全球产业价值链涉及的组织和融资结构十分复杂，可能要利用税收协定和创新的融资机制来确保交易的节税性。从公共财政收入管理的角度来看，全球价值链蕴含着与转移定价和实益拥有权相关的挑战[1]。

采掘业以特殊利润和持续的租金为特点，其定义为生产成本（包括"正常"利润）和销售收入之差。租金可能具有高度的波动性，因为它们会对商品价格和开采成本的波动作出响应，从而对财政制度的设计构成进一步的挑战。资源价格不仅会大幅波动，而且其波动还无法预测。事实是国家的资源收入通常由出口产生，以外汇流入为形式，这会对汇率构成压力，从而有可能极大地影响竞争力和宏观经济的稳定。

与许多其他行业相比，采掘业的有效运行更多地依靠由政府机构和职能部门构成的复杂系统。要形成能促进采掘业投资的环境，不仅需要良好的法律法规体制及有效的落实，还需要实用的地理数据信息库和矿权地籍。这个行业的多面性特点体现在涉及的政府部门和公共实体数量很大，而它们之间的协调可能会非常复杂。以采掘业为基础的经济要取得有效的发展就需要这些公共实体之间进行有效的合作，同时要利用每个实体的专业能力。然而，由于单个的实体试图保持对自己掌握的那部分采掘业务及收入的控制，合作往往受到损害。

尽管对于资源诅咒没有单一的解释，但能使基于自然资源的增长取得成功的许多要素目前已得到相对充分的了解。因采掘行业获益的国家倾向于采取一系列有共同特点的政策：高效的财政制度以及宏观经济的稳定；认真地发展在石油、天然气和采矿方面的专门的公共管理能力；对基础设施、人类发展和经济多元化的有效投资。这些国家持续且公平的长期增长是将资源收入投入固定资产并且协调不同的经济部门向着以资源为基础的增长这一共同目标努力的结果。要使石油、天然气和矿产开采的货币和非货币效益最大化，采掘行业的政策需要超越单个项目，顾及能确保该行业有效运营并为公民和政府同时带来最大效益所需的一系列能力。

资源富足的祝福与诅咒

一些资源丰富的国家成功地将资源财富转化成为长期且公平的经济发展，而其他许多国家却没能做到。自然资源在几个工业化经济体的发展中曾发挥过根本性的作用，其中包括英国和德国，这两个国家的煤和铁矿床是工业革命的前提条件。从 19 世纪中期至 20 世纪中期，美国是世界主要的矿产经济体，同时也成为制造业的世界领袖（van der Ploeg，2011）。从更近的时间看，像博茨瓦纳、智利和挪威这样国家将丰富的石油和矿产资源作为了经济增长的基础。然而，在其他许多国家，资源开采似乎削弱了治理、滋养了腐败和资本逃离并加剧了不平等。

为什么有些国家在利用自身的自然资源方面取得了成功，而其他国家尽管地下财富巨大，在经济增长方面却表现不好呢？这个问题一直是大量争论的主题。Sachs 和 Warner（2007）的研究证实了采掘业出口在国内生产总值（GDP）中所占的份额与经济增长之间存在负相关性。他们得出结论：资源的丰富与更慢的增长是联系在一起的，这种关系后来被贴上了“资源诅咒”的标签。而采用了不同方法的其他作者则对资源诅咒的普遍存在表示了异议（Alexeev 和 Conrad，2009；Brunnschweiler 和 Bulte，2008；Davis 和 Tilton，2005）。这种诅咒存在与否的确还有讨论的余地，然而，显然许多资源丰富的国家尽管在石油和矿产价格高的时候出现过增长的高峰，却没能将资源财富转化成为可持续的长期增长。Davis 和 Tilton（2005）在报告中是这样表述的：

> 尽管采矿业是否总能促进经济发展（的问题）依然没有解决，但有一个观点得到了广泛的认同，那就是丰富的矿藏为发展中国家提供了机会，在某些情况下，这些矿藏被明智地用于促进发展，而在其他一些情况下则被滥用并损害了发展。在这个问题上取得一致意见非常重要，因为这意味着在发展中世界针对所有的采矿业采取统一的政策并不可取……恰当的公共政策问题不是我们应不应该在发展中国家促进采矿业，而是我们应该在哪里鼓励它以及我们如何能够确保它尽可能多地为经济发展和消除贫困作出贡献。

尽管对有关资源诅咒的文献进行完整全面的评价超出了本研究的范围，但对其主要的论点进行概括能提供有益的背景知识。Sachs 和 Warner（1995）之后的文献主要集中于找出自然资源影响增长的机制，这类机制的相对重要性备受争议并且依然是实质性分歧的焦点。

资源诅咒最常被归咎的元凶包括“荷兰病”、投资少或不足（包括对人力资本的投资）、财政上无秩序和高消费、机构腐败以及石油和矿产价格波动导致的产出波动。所谓“荷兰病”常常被引述，这个名字来自 20 世纪 60 年代北海开始生产石油后荷兰货币的升值，指的是采掘行业的高产导致不可交易（服务）行业的需求增高，因此造成货币升值。这种升值反过来导致非采掘可交易行业的出口减少（Corden 和 Neary，1982），而这可能会给增长造成负面影响。

制度的质量，正如在法治和公共部门的管理质量中体现出来的那样，常常被指为可能是造成资源诅咒的原因。政治经济学家指出，在许多被发现很难产生以资源为基础的经济增长的国家，糟糕的治理和薄弱的制度在发现石油、天然气或矿产资源之前就已经存在了。薄弱的制度对寻租和腐败行为几乎没有抑制作用，在少数精英因为资源租金而变得极度富有的同时，大多数人几乎得不到益处。例如，Mehlum、Moene 和 Torvik（2006）的研究对“掠夺者友好型”制度环境和“生产者友好型”制度环境进行了区分。在制度薄弱的地方，资源收入的“掠夺者”更有可能恣意妄为。如果在政府中任职被视为快速致富的途径，那么“掠夺”的情况就会越来越多。政治经济学家指出，在在位的政治家害怕被革职的地方，政府有可能会以比能取得最佳社会效益的速度更快的速度进行开采，并用未来的资源收入作为抵押进行借贷。在这种环境下常见的现象包括资本外逃、当权者的高私人消费和以使特权客户获益为目的的高公共支出比率（van der Ploeg，2011）。担心失去职位的在位者也会避免积累公共储蓄（例如建立主权财富基金，SWF），因为这可能会被未来的政府侵吞，所以他们宁愿对本党派的项目过度投资以加强他们自身对权力的控制。

尽管制度的力量能决定基于采掘业的发展成功与否，但来自采掘业的大量收入有可能使制度退化。当大量收入流在产权无保障、法律体系不健全以及市场不完善的情况下出现时，它们有可能加剧寻租（Torvik，2002）。资源收入提升了掌权的价值。在收入流为专制政权提供资金的情况下，它们可能在实际上阻止政治权力向中产阶级重新分配，因而阻碍对能促进增长的政策的采纳（Bourguignon 和 Verdier，2000）。同样地，收入便于获得也会促使精英阶层阻碍技术和制度的改善，因为这有可能削弱他们对权力的控制（Acemoglu 和 Robinson，2006）。在极端情况下，对获得自然资源的权利的争夺可能引发武装冲突。Collier 和 Hoeffler（2004）的研究报告估计一个自然资源构成其 GDP 25% 以上的国家发生内战的可能性是 23%——相比之下没有自然资源的国家这种可能性为 0.5%。

可以说，政治经济学文献以及其中对经济模型在资源行业中的应用都存在相当大的弱点。现有理论的弱点有以下这些：

- 资源的产权被认为归国家所有，租金产生于地下而无需投资或付出努力。
- 尽管据称各种模型都以地下的资源为关注点，但它们全都忽视了这些资源的有限性本质。没有一个模式考虑到储量的制约，许多模式只是假设资源是无限的，其生产不需要任何努力或成本。没有一种方式对矿产、天然气或石油资源进行明晰地建模。
- 尽管自然资源的国家所有权是可以在许多国家见到的一个特点，但这些模型没能对不同的产权安排产生效果的难易程度进行考察（例如，含税的私人所有权、国家的某种直接参与以及本土化政策等）。

资源充裕可能会加剧财政上的无纪律性。因为采掘业而突然出现的意外收入往往会让人对公共支出的增加充满期待，而这可能会导致财政政策的过度放松以及政府储蓄的减少。结果可能是将公共资金投入不必要的或徒劳无益的项目，并造成主权债务的增加。事实上，尽管观测到的储蓄率及最佳储蓄率在非资源型经济体中看似几乎没有差别，但它们在资源丰富的国家却差别巨大（van der Ploeg，2011）。Bleaney 和 Halland（将于 2015 年发表）的研究报告并没有找到证明自然资源财富通常会加剧财政无纪律情况的证据。事实上，他们的研究结果表明，燃料出口国往往财政收支平衡状况较好。不过，他们的样本中也有一些资源丰富的国家在发现了石油或矿产之后表现出严重的财政失序状况，而这是作者采用的经济模型无法解释的。Bawumia 和 Halland（即将发布，2015）的发现验证了对勘探进行早期管理、真正实现财政上的纪律性相对于依赖财政规则、央行全面与真实的（相对于名义上的）独立以及制定将主权财富基金和负责预测石油收入的政府机构与政治压力隔离开来的方法等的重要性。

如果商品价格的波动性（以及随后采掘业产生的公共收入的波动性）传递到公共支出和产出，它可能就会对增长造成损害。Van der Ploeg 和 Poelhekke（2010）的研究发现自然资源财富对增长会产生直接的正面影响，但产出波动造成的间接影响或多或少会抵消一部分这种正面影响。按照此论证的思路，资源诅咒是由商品价格的高度波动性引起的，其对增长的影响是通过产出波动实现的，而产出波动可以通过金融行业的发展以及对贸易的开放来减轻。Bleaney 和 Halland（2014）的研究发现，公共支出的波动——加上制度的总体质量——能够解释为什么增长较慢，表明能够让公共支出保持平稳的资源丰富的国家会比其他同类国家做得更好。

除非有从采掘业向国家的其他工业部门的技术转移，否则资源财富会促成非工业化。尽管在资源大量出口的过程中其货币出现升值，一些资源丰富的国家仍然实现了普遍的工业发展。因此荷兰病不能完全解释在各个资源丰富的国家见到的不同的工业发展轨迹。一些研究（Gylfason、Herbertsson 和 Zoega，1999；Matsuyama，1992）认为如果采掘业能成为技术转移的来源而且能“从实践中学习”，那么基于资源的工业化和经济增长就会出现。Torvik（2001）将挪威作为一个实例：按照他的论点，挪威的自然资源采掘推动了贸易和非贸易领域的“从实践中学习”。

要了解更完整的有关资源诅咒文献的研究，感兴趣的读者可以参看 van der Ploeg（2011）和 Frankel（2010）的研究报告。

两部报告的内容

第一部《采掘业》总揽了对采掘业经济学而言的核心问题；讨论了有

关该行业的治理、政策和制度框架的重点要素；而且找出了公共部门与采掘业相关的融资义务。报告对采掘业经济学的讨论覆盖了地下资产的估价、关于矿石的经济学解释以及能源和矿产市场的结构。这部报告描绘了相关政府实体的责任并勾勒了采掘业的法律和法规框架的特点。对这个行业关键的具体职能部门也有简短的讨论，比如地理数据和地籍管理、高效的采掘业财政制度的实行、合同管理和监督以及营造有利于生产的采掘业营商环境所需的典型条件。

这一部还描述了支撑环境和社会安全保障的经济和财政结构，比如对矿山报废的财政保证的运用以及对社区基金会、信托资产和基金的运用。对用石油、天然气或矿产带来的公共收入进行的投资也略有涉及，主要关注的是对基础设施的投资。另外还简短地讨论了以采掘业为基础的经济多元化以及本地化发展。针对感兴趣的读者，有时在相关章节的第一段会提到以单个主题为对象的更专业的出版物。感兴趣的读者还可以在附录中找到更多的资料，包括有关征税、收入预测和或有债务管理的资料，以及有关资源分类体系、储量报告标准、采掘业特有的经济租金的类型、财政政策与经济储量之间的关系和收入变化对商品需求的影响的资料。

第二部《资源丰富国家的财政管理》探讨了通常与采掘业产生的大量收入相关的严重的财政挑战。这部报告从四个相关方面对财政政策进行了讨论：短期的稳定；财政风险和漏洞管理；促进长期可持续；良好的公共财政管理和公共投资管理体系的重要性。这一部接下来又审视了用于辅助财政管理的几个制度机制，包括中期支出框架、资源基金、财政规则和财政委员会；还讨论了指定收入用途、资源收入预测在政府预算中的应用以及财政透明度，并概述了用于评估资源丰富国家财政状况的几个财政指标。[2]

鉴于资源丰富国家不同经验的多样性，这两部报告中讨论的题目与某些国家的相关性会比另一些国家更高。尽管两部报告涉及相同的主题，但每一部都可以和另一部分开单独阅读。希望它们提供的信息能最终成为想要加强对其国内采掘业的管理以及强化相关的财政和公共财政管理系统的经济学家、公共财政专业人士和政策制定者可以凭借的坚实基础。

注：

1 国际货币基金组织 2014 年更新后的《财政透明度原则》草案中的《资源收入管理》专题部分（第四专题）将“实益拥有人”定义为“某法律实体，或者在适用的情况下某自然人，通常通过一系列相关方（可能是在不同的税收管辖区），对某个国家的某个自然资源权利的持有者拥有最终的经济利益”（http：//www.imf.org/external/np/exr/consult/2014/ftc/pdf/121814.pdf）。为了逃税，公司可能隐藏它们对一家或更多关联公司的所有权，从而避免关联公司或子公司之间货物和服务所谓保持距离的流动受到审查。自然资源的实益拥有人应该是法律实体或自然人，该实体或自然人可能通过在不同税收管辖区的相关方获得了某个国家的开采权持有者的所有权。

2 与自然资源相关的有关公共财政管理的后续著作正在撰写中。

本报告的组织架构

本书描述了采掘业行业政策的关键要素，并找出了公共部门与采掘业相关的融资义务。第一章提出了以资源为基础的发展的宽泛目标；第二章概述了采掘业的几个基本原理，包括实物存量的会计处理、地下资产的估值以及对商品市场结构的了解；第三章描述了框定采掘业及不同政府实体职责以确保基于资源的增长的制度框架；第四章讨论了采掘业投资和项目周期；第五章描述了采掘业治理的主要运作：法律和法规框架、地理数据和地籍的管理、透明且高效的资源税收的特点和执行以及采掘业营商环境；第六章的关注焦点是行业监督和合同管理，包括财政制度以及环境和社会问题；第七章讨论了用来自于自然资源收入的公共资金进行投资；而第八章提供了对基于采掘业的经济多元化和本地化发展的简要介绍。

第一章

明确行业政策目标

采掘业价值链

石油、天然气和矿产资源不可再生以及有限的特性是采掘业行业政策的首要前提。其他重要特点包括这个行业的高资本密集度、资产的长期性、生产者需被动接受价格（价格由国际市场确定，只能在非常有限的程度上受个别生产者的影响）以及投资在地理上的无法移动性，另外还有商品市场和采掘业投资者的国际性本质。要形成长期可持续发展的基础，必须将地下资源（自然资本）投入到或者转换成更有效益的资本形式，同时要重视国家的环境和社会基础。调整后的净储蓄衡量的是一个国家储蓄的真实水平，并将石油和矿产等地下资产的消耗以及对人力资本、基础设施和其他生产性资本等的投资考虑在内。调整后净储蓄持续为负将导致总财富以及人民福祉的减少。许多资源丰富的国家，特别是撒哈拉沙漠以南的非洲国家呈现出极低或为负的调整后净储蓄（Ross、Kaiser 和 Mazaheri，2011）。

资源收入的产生和积累——以及之后对它们进行的富有成效的投资——都需要横跨多个行业以及机构和人的能力的一系列政策。采掘业价值链（图 1.1）为采掘业的治理提供了框架，它涵盖了合同和许可证授予、运营监督、有关环境保护和减轻社会影响的各项要求的执行、税费和使用费的征收、以合理的方式分配收入以及可持续发展政策和项目的落实。这个框架意在成为一种工具，以支持各国将矿产和碳氢化合物财富转变为可持续发展的努力（Mayorga Alba，2009）。

图 1.1 采掘业价值链：治理框架

资料来源：Mayorga Alba，2009。

改善对收入的调配

为了实现收入的最佳调配，许多资源丰富的国家发现它们必须大力强化自身的合同谈判和管理能力、提升资源税管理水平以及改善采掘业投资环境。正如关于监督和落实合同的第六章中所概括的那样，在资源公司少报采掘量、品位或价格的情况下，合同管理和税收管理能力不足可能会导致收入的大量损失。但调动收入并不仅限于合同、税费和使用费；它还涉及吸引投资。为了吸引对采掘业的投资——并进而实现收入的最大化——行业政策必须能形成以下能力和条件：

- 进行政府地质勘查、为有开采前景的区域吸引投资以及提供有关许可程序和土地使用规划信息的必要技术能力。
- 根据运行良好且有透明度的地籍系统对矿产和石油勘探和开采权进行管理的适当的能力。
- 准入门槛低、但同时又顾及公司的技术和财务能力标准的、有吸引力的营商环境（包括清晰、透明、稳定和可预测的采矿和/或石油法律）。
- 进行合同谈判，并在相应的情况下达成有关勘探和开采的最佳条款的适当的能力。[1]
- 对矿物生产和出口的数量和质量进行可靠监督的足够的技术能力，特别是在矿物学方面的技术能力。
- 在税收和会计方面的适当的技术能力，以对税费、使用费和各种费用的征收进行可靠的管理。
- 合同和收入管理以及合同和财政期限的稳定性、可预测性、透明度和问责制。

最近几年中，国际货币基金组织（IMF）的管理自然资源财富专题信托基金以及各种国际性非政府组织（NGO）普遍在着手解决调动资源收入的能力问题。有关资源税收的专题在《石油和矿产税收》（*The Taxation of Petroleum and Minerals*，Daniel、Keen 和 McPherson，2010）一书中有大量的讨论。提高合同谈判能力所需的财政资源在一定程度上通过世界银行的采掘业技术咨询设施（EITAF）得到了满足。尽管如此，资源收入的支配能力以及一般而言的资源收入的管理能力在许多资源丰富的发展中国家依然很低，可能导致收入的损失。

形成基于采掘业的经济和社会发展

在商品价格上涨后，石油、天然气和采矿行业的政策已经日益超越了调配收入这一范畴。目前有一种普遍的共识，即资源政策不能以石油、天然气或矿产的采掘为终点，还必须为经济和社会发展服务。尽管没有针对基于资源的经济发展和工业化的“一刀切”的政策，但成功的经验表明：强有力的政府政策是必要的。这些政策的目标可能是：

- 通过对人力资源、基础设施以及其他更广泛的长期生产能力和多元化的投资，抵消有限的地下资产的损耗。
- 利用私营部门对采掘业基础设施的投资提高国家的公共基础设施容量。
- 通过形成上下游之间的连接以及与基于技能和技术的支流行业和基础设施的连接，发展地方、区域和国家的增值能力并在地方和国家层面为企业家提供支持。
- 发展人力资本以解决公司及相关部门（上游、下游和支流）的人员配置需求。
- 确保资源开采造成的环境退化最小并促进生物多样性。
- 确保给社区（包括开采活动所用土地的所有者和占用者）带来的收益是通过公平的程序界定的。要注意由于（i）现实与开发矿的时候所抱有的预期的不同；（ii）商品价格的变化；（iii）其他变化（人口变化、气候变化等导致的外部冲击以及其他等等），公平的概念在矿山的寿命期内会发生变化，这一点十分重要。
- 执行健康和安全标准。

注：

[1] 多数国家不用合同来规范它们与外国的采矿业投资者的关系，相反，它们用的是矿业法系统。按照这种方式，投资者的大部分（如果不是全部的话）权利与义务由矿业法或其规定决定。尽管一些高度发达的经济体会使用合同和谈判，但使用合同和

谈判最多的是那些相对缺少矿业法的国家。合同可以用来充当过渡性工具，使那些国家可以在建立更复杂和全面的矿业法系统（以及用以支持它的国家制度）的同时参与矿业经济。大部分参与合同的国家都在非洲，中美洲、中亚和东南亚也使用合同。

第二章

采掘业背后的经济学

对实物存量的说明：资源、储量以及对矿石的经济学诠释

“资源”和“储量”是贯穿整个采掘业的常用术语，但在某种程度上对那些不熟悉采掘业的人来说可能会令人困惑。那些不熟悉这些术语的人可能会认为“资源”是指可供当前消耗的矿产或碳氢化合物，而“储量”是指为未来保存下来的部分。而在业内，这些定义都具备确定含义，由准则界定（有关资源和储量的四个主要分类准则的讨论见附录 B1），这些准则又得到了法律对许多全球上市公司作出的披露要求的充实。它们的定义在某种程度上与直观感觉相反：矿产“资源”一般指具备经济效益的矿产含量，有最终进行经济开采的可能，而“储量”是资源的一部分，已经证明在法律上、经济上和技术上有开采的可行性。从这个意义上说，储量比资源更随时可供消耗，而后者尚待满足经济可行性测试的要求。

“矿石”是另一个矿产行业常用的术语，与“资源”不同，它既有技术上的定义，也有经济上的定义。在这种语境下，矿石是包含充足矿物的成矿岩石的一部分——有着重要的元素，包括金属——这使得它们在经济上具有开采价值。并非所有矿体都是天生同等的，它们的经济价值会因外部因素和政策而变化。各种矿体并不均质而且包含不同质量的矿石，质量的不同是从经济意义上来说的，与它们同地表的接近程度、有害物质的含量、岩石的硬度和开采的难易程度，以及——极为重要的是——主要、共生和附带的金属的含量或“品位”有关。由于这种不均匀性，矿体的量会对影响经济回报的因素十分敏感，比如价格、成本、财政政策

和技术的变化。

“边界品位”对于确定矿石和无用岩石之间的界限至关重要。如果矿体中的金属含量低于边界品位，采掘在经济上就是不可行的。更确切地说，边界品位就是被开采的原料在被送往加工厂前必须含有的有价值产品或金属的最低含量。这个定义被用来区分不应被开采或应该作废的原料和应该被加工的原料（Rendu，2014）。

边界品位并不是矿体的外生特点，其定义可能会受到个别公司的运营和融资策略、经济或技术设计制约因素（比如设备、坑形以及开采顺序等）或者贷款银行及其他金融机构强加的技术性能标准的影响。

边界品位可以永久或暂时性地提高或降低，并对可以从矿床中进行经济开采的矿物资源的数量产生长久的影响。矿业公司有时会用所谓“乱采富矿”这种提高边界品位的方法来增加短期盈利（和项目净现值），因而可能增加对投资者的回报。然而，提高边界品位也有可能因为减少了经济储量的水平并降低了剩余资源和储量的平均品位而缩短矿的寿命。边界品位的改变可能因为管理人员掌控之外的因素而发生——比如一国财政政策的变化。从财政政策的角度看，这一点非常重要：即使用费、税费和其他费用的增加提高了矿的边界品位，这类似于成本增加或价格下降。

因此，使用费率的大幅改变可能导致边界品位的提高和“乱采富矿”。在这种情况下，对政府制定的可能导致国家资源的一部分永久性丧失生产能力以及地下财富减少的政策，公司提高边界品位的决定是最佳的回应。[1] 另外，对这种政策的预期也许就足以导致乱采富矿，因为公司有使利润最大化的动机，会在使用费低的时候更多地开采资源，否则就会冒在未来使用费更高而利润更低的时候开采资源的风险。

例如，表 2.1 中的计算表明了赞比亚露天铜矿矿区使用费率从现有的 6% 变为 20% 后可能产生的影响。提议的使用费上调造成的影响可能是使赞比亚 Lumwana – Chimiwungo 资源的边界品位从含铜 0.26% 提高到 0.3% 的原因。这将减少总体可供开采的铜资源并导致估计为 7 亿美元的原地价值损失（作者的计算）。

正如这个例子（见图 2.1）说明的，乱采富矿可以导致矿的寿命缩短以及开采出的总资源的减少。这会减少与时间相关的机会（比如由价格周期提供的机会）以及采掘业在空间上延伸出来的机会和在时间上向前与向后延伸出来的机会。矿的寿命缩短进而会减少诸如长期就业等社会经济效益。因此，边界品位的改变会带来许多可能的、意外的直接和间接长期后果。

表 2.1　对不同的使用费水平如何影响赞比亚 Lumwana – Chimiwungo 资源的边界品位和经济可行性的初步评估

假设(来自 Barrick NI 43—101 技术报告)			
直接运营成本:	**$/t**		
平均开采成本	3.76		
平均加工成本	9.72		
平均一般管理成本	3.50		
	0%使用费	**6%使用费**	**20%使用费**
总成本(折合为 $/t)	16.98	16.98	16.98
边界品位(% Cu)	**0.25%**	**0.26%**	**0.31%**
总成本($/t Cu)	6,833	6,424	5,468
总成本($/lb Cu)	3.10	2.91	2.48
价格($/lb Cu)	3.10	3.10	3.10
使用费(毛使用费,%)	**0%**	**6%**	**20%**
净价格($/lb Cu)	**3.10**	**2.91**	**2.48**
价格—成本(盈亏平衡)	0	0	0
边界品位以上的近似总重量	447,360,574	436,324,806	400,773,623
边界品位以上的平均品位(% Cu)	0.65%	0.66%	0.69%
边界品位以上的总重量中含有的铜(t)	2,894,423	2,865,491	2,761,428
铜(lbs)	6,381,102,644	6,317,318,501	6,087,900,408
铜产量差异(lbs)(与使用费为0%时相比)	0	-63,784,143	-293,202,236
价值差异($)(与使用费为0%时相比)	**0**	**-197,730,843**	**-908,926,932**
铜产量差异(lbs)(与使用费为6%时相比)		0	-229,418,093
价值差异($)(与使用费为6%时相比)		**0**	**-711,196,090**

资料来源：作者根据 Londono 和 Sanfurgo（2014）的研究报告推导计算出来。承蒙采矿、冶金和勘探协会（SME）好意提供。

注：Cu = 铜；lbs = 磅；$/t = 美元每吨；$/lb = 美元每磅。

正如乱采富矿策略说明的，储量是固定的存量这个观念是错误的；私营部门的策略、公共政策以及外部因素都会对一国的地下财富产生短期和长期的影响。运营策略和公共政策会影响可供开采的资源总储量，这进而将通过最佳规模经济影响成本——因此，矿石和资源对财政政策而言是内生性的，并不是固定的和外生性的，尽管人们常常这样认为（这种内生性在边界品位发生改变的情况下尤为明显）。总而言之，矿石和资源在量和价值上都不是固定的，而是随着时间不断变化以适应政策、价格和成本的变化。

图 2.1 费率变化可能会对边界品位及经济效益带来何种影响（赞比亚 Lumwana – Chimiwungo 铜矿）

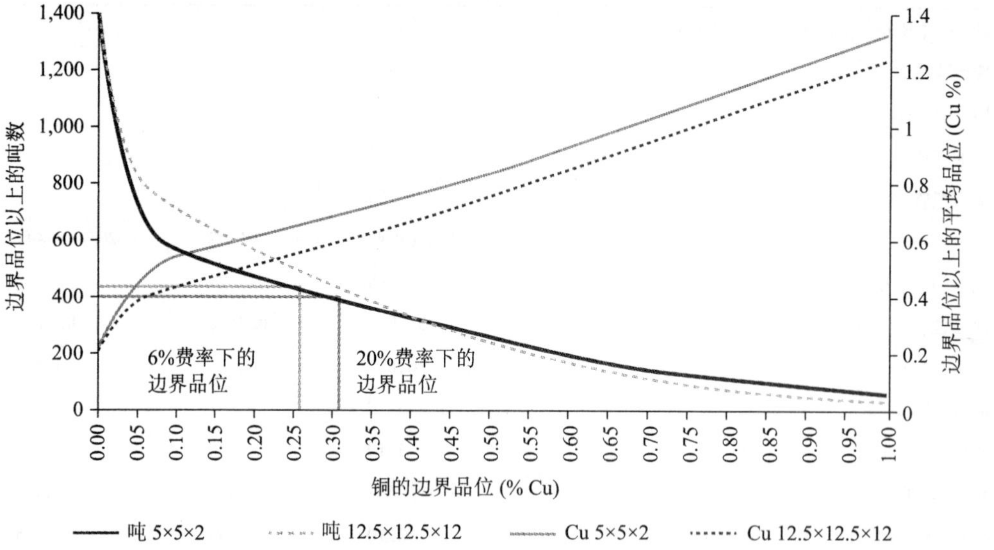

资料来源：为巴里克黄金公司（Barrick Gold Corporation）的估计，根据 Londono 和 Sanfurgo（2014）得出。

注：提高使用费造成的影响是可能导致 Lumwana – Chimiwungo 资源的边界品位从 0.26% 的 Cu 升至 0.31% 的 Cu。根据该沉积物的品位与吨数关系，边界品位的提高将使具有经济可行性的铜资源减少大约 3,500 万吨或大约 2.3 亿磅。按照 3.10 美元/磅的价格，仅 Chimiwungo 资源因为使用费而损失的现场价值大约就达到 7 亿美元。Cu = 铜。

地下资产的租金和估值原理

正如图 2.2 中所见，尽管赞比亚以其高品位的矿床著称，但相比世界上的一些其他地区，其铜矿带省份的铜矿在竞争中所处的地位较为不利，并且更容易受到价格变化的影响，特别是考虑到开采和运输的高成本的时候。在那些大宗商品（例如铁矿石、煤炭）矿靠近地表并便于进行海上运输的地方，生产成本可以大幅降低。一些矿还与能源成本很低的冶炼厂相连，或者能得到大量有技能的劳动力。其他矿床不是那么容易开采但仍能盈利。价格与边际生产者的边际成本一致，因为多数矿产是完美的商品（即一磅的铜可以很容易地用另一磅代替）[2]，销售价格对所有生产者来说都差不多。这就会导致成本低的生产者可能获得大量的经济租金。

经济租金是对一种生产要素的支付超出使该要素进入生产所需成本（包括资本和资本收益）的部分。经济租金并不局限于石油、天然气和采矿行业，而是存在于任何有固定生产要素的地方。正如在这些行业中一样，在采掘业中也存在几种不同类型的租金：李嘉图租金、霍特林租金以

图 2.2　赞比亚部分项目铜矿生产的成本曲线（美分/磅）

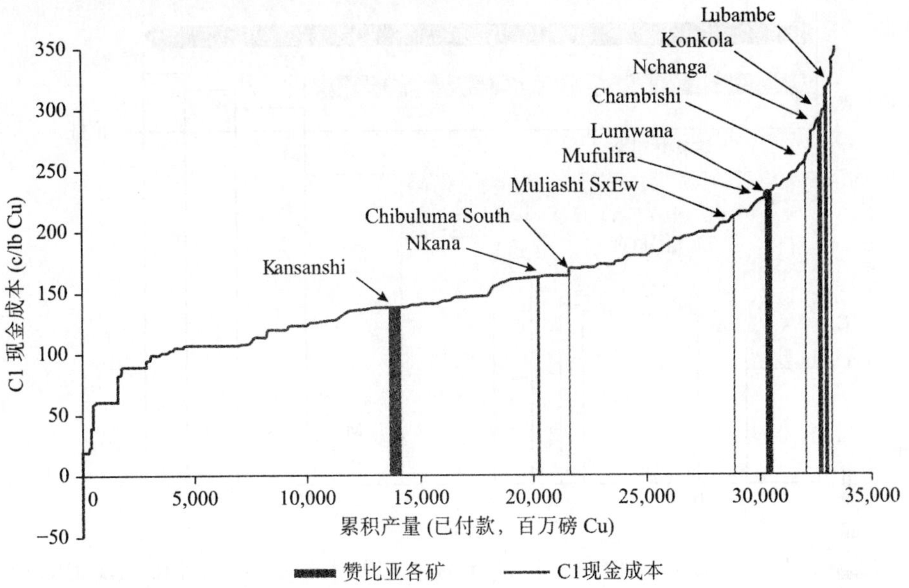

注：c/lb = 美分/磅；Cu = 铜。

1. 每个柱形代表质量不同的一家生产商。每个柱形的高度反映了生产一给定单位的铜或其他金属的成本。深色的代表赞比亚的生产商。负成本表示副产品铜的生产。这代表铜与另一种金属（比如金或钴）结合在一起，这种金属的生产补贴了铜的生产，从而造成铜的生产成本为负。

2. C1 现金成本曲线衡量的是所有直接成本，用“已付款的铜”每磅多少美分（“c/lb”）表示；C1 成本可以解释为短期成本。净直接现金成本（C1）包括：投向市场前每个加工阶段发生的现金成本，减去任何副产品的净值。这些包括开采、矿石货运和选矿成本；矿区管理和一般性支出；精矿货运、冶炼和冶炼厂一般性和管理成本；营销成本。

3. 这张图表上的位置代表了行业供应的“瞬间状态”，单个矿的预计位置会在生命周期内发生变化。

资料来源：Wood Mackenzie（2013）。

及准租金（比如那些与资本回报相关的租金）。李嘉图租金不能通过竞争来减少，因为它们是由资源本身产生的而且并不完全由技能或经验的运用产生，可以对它们课税而不会干扰最佳决策。霍特林租金是现在而不是等到未来多生产一个单位的机会成本；准租金反映了资本回报和其他固定成本。由于霍特林租金和准租金都是真实的成本，对它们课税会导致出现扭曲的生产决策（见图 2.3，更多关于所有三类租金的说明见附录 B2）。

地下资产的估值

一个国家的地下资产价值为储量和其他资源的经济价值之和。储量的价值应包括三种价值：霍特林租金[3]、李嘉图租金以及选择价值。其他资源

图 2.3　李嘉图租金和霍特林租金的概念描述

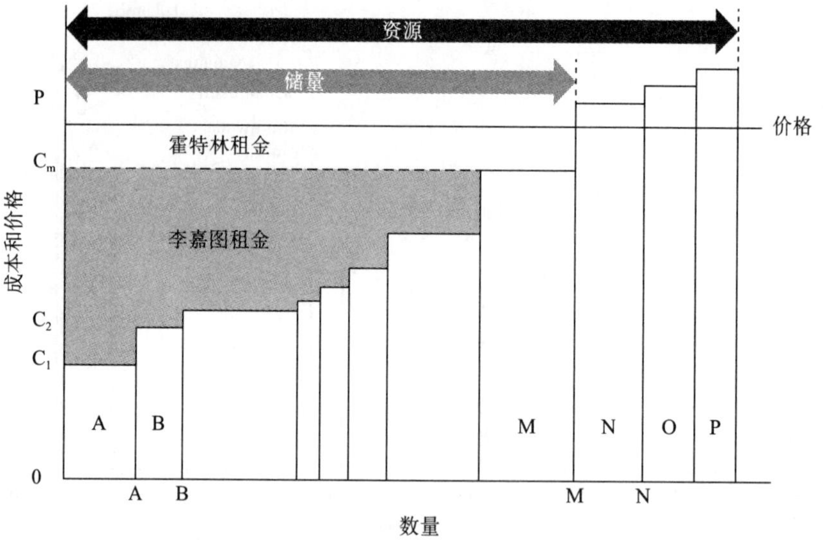

注：从 A 到 P 的每个柱形代表一个实际或潜在的不同质量的生产商。每个柱形的高度反映了生产给定单位的铜或其他金属的成本。比如，就最高产的矿或者品位最高的矿而言，柱形 A 中的矿生产成本为 $0C_1$，柱形 B 中的矿生产成本为 $0C_2$。每个矿能生产的金属的量由柱形的宽度代表。因此，最高产的矿，柱形 A，可以生产 0Qa 量的金属，柱形 B 中矿的可以生产 QaQb 量的金属。P 是需求要求在用户成本或者说霍特林租金存在的情况下从柱形 A 到 M 中的矿都进行金属生产时的市场价格。鉴于这些价格，N、O 和 P 矿无利可图。生产的边际成本低于市场价格的生产商预计会将以其成本生产的资源界定为“储备”，而那些边际成本高于市场价格的会将以其成本生产的资源界定为“资源”。

资料来源：根据 Nordhaus 和 Kokkelenberg（1999）以及 Otto 等人（2006）。经国家学院出版社（National Academies Press）批准后重印，版权所有 1999，国家科学院（National Academies of Sciences）。

的价值应该只包括选择价值。当市场运作良好（即有许多储量和资源的潜在卖家和买家、对未来的技术和市场情况有良好的远见、对地下资产有充分了解并且通常能理性决策。Nordhaus 和 Kokkelenberg，1999）的时候，这些价值将在储量和资源的市场价值中得到体现。在某些情况下，存在与不完善的市场结构相关的租金，且其应被纳入对储量和其他资源的估值中。例如，在存在一个长期稳定的市场支配力的情况下，这是必要的，对石油（石油输出国组织，OPEC）、钾碱（区域性营销网络）以及直到不久前的钻石（戴比尔斯，De Beers）而言就是这种情况。

对地下资产进行估值的方法有以市场（比如交易价值和比例分析）、成本或现金流量（比如 NPV）为根据的三种类型[4]，下面对这些方法作了简要的描述：

- *以市场为根据的方法*。交易价值通常被用来评估国民账户中的人造实物资产，有时在公司合并和收购案中被用来支持估值区间。采用这种方法的时候，地下资产的价值是以实际交易价值为根据的，正如一家公司向另一家公司出售一笔资产（或资产组合，比如一个企业）时那样。然而，要得到地下资产隐含的价值，需要就交易价值中包含的其他价值对其进行调整，这些其他价值包括账户上的现金、相关的资本（道路、加工设施等等）、对政府的使用费和税费义务以及其他公司特有的资产或负债。必须注意的是交易可能不常发生或者不会在公共领域被报告，这使得它们很难作为估值的基础。

- *以成本为根据的（例如采用替代成本）方法*。这种方法背后的观点认为市场会为投资于替代逐渐耗尽的地下资产提供激励因素，直至寻找替代物的边际成本或附加成本等于市场价值时为止。然而，这种方法只对给相同质量的资源估值有效，因而忽视了租金的一个主要来源——地下资产的质量差别。
- *以现金流量为根据，采用 NPV 的方法*。这是使用最为广泛的给地下资产估值的标准方法。它要求对预期的未来收入和成本流进行界定，然后用适当的折价率对它们进行折价。正因为如此，采用 NPV 就需要有关地下资产的量、质、当前和未来生产成本、当前和未来价格以及折价率的信息。以现金流量为根据的方法的一个特例叫做霍特林估值，有时被叫做净价格方法。在这种情况下，地下资产的 NPV 只是当前的净价格（即收入减去所有成本）乘以资源存量的规模。没有必要明确地进行折价，因为如果资产得到了有效的采掘，而且某些其他条件也能保持，那么其价值会按照利率随时间增长，恰好抵消了以与利率相同的折价率对未来价值的折价。这种方法非常便利，因为它既不要求确定适当的折价率，也不需要预测未来的价格和成本；然而，得出的假设存在不切实际的风险（Nordhaus 和 Kokkelenberg，1999；Statistics Canada，2006）。

地下资产估值指南认为进行估值的适当方法应根据地质信息的水平变化。用于矿资产估值的两种指南的实例包括加拿大矿业资产估价标准及准则（CIMVal）[5] 和南非矿业资产评估报告准则（SAMVAL）[6]。这些准则的一个共同特点是可接受的方法根据资产性质或估值运用的不同而变化，例如，以成本为根据对于评估勘查资产的价值也许是可接受的方法，因为此时所知的信息寥寥无几，但对于评估运营中的矿的价值则是不可接受的。

能源和矿产市场的结构

对矿产和能源市场的全面分析需要运用基本的经济原则，并以对制度安排（从勘探到选矿）和采掘技术的了解为补充。下面内容多数出自卓越的矿业经济学家John Tilton的著作，他写到：

> 那些不懂得重要的技术和制度制约因素就运用他们的理论概念的经济学家进行的研究几乎不可避免地无法带来结果，并且会造成误导。这话也同样适用于那些很了解相关制度和技术，但对经济原则缺乏基本了解的商品专家。出色的分析需要同时具备对经济学以及特别关注的金属的了解（Tilton，1985）。

这个部分提供了对矿产和能源市场不同的构成要素的简要概述；关于这一主题更全面的讨论，读者可以参见Tilton（1985）。

分析的时间范围

将四个不同的时间期限加以区分对于构思经济问题非常有用。在设计模型时，经济学家首先要明确分析的时间范围。就短期而言至关重要的考量，对于长期来说也许未必如此。关于能源和矿产市场的任何分析都应该以四个不同的时间期限中的一个来界定：

- **当前**，所有生产都是固定的且供应调节原则上通过库存变化实现。
- **短期**，在需求一侧，市场条件被视为不变的；而在供应一侧，产能是固定的。供应侧调节通过对现有产能的利用实现。
- **长期**，假设需求侧没有任何制约，但供应侧仅限于已知矿藏的开采和现有技术的使用。长期调节受到对新生产能力投资的限制。
- **超长期**，需求和供应都完全不受限制[7]。在这个时间范围内的金属和能源供应调节可以通过勘探、研究和开发实现。

这个框架在表2.2中得到了概括。

表2.2　对各个时期内需求与供应所受限制的概述

时间期限	需求	供应	调节（供应）
1. 当前		生产是固定的	库存
2. 短期	市场调节被视为不变的	产能是固定的	产能利用
3. 长期	不受限制	限于已知矿藏和现有技术	受到投资限制
4. 超长期		不受限制	勘探和研发

资料来源：作者对来自采矿、冶金和勘探协会（SME）的数据进行的汇编。

注：研发＝研究和开发。

在接下来的小节中，将对需求和供应的性质和结构做更详细的讨论。

矿产和能源需求的决定因素

对矿物和能源产品的需求原则上由（i）买方进行支付的能力和意愿以及（ii）衍生的需求决定，因为许多矿物和能源产品是制造过程中的中间产品。应该注意的是需求的决定因素因商品不同而不同；不过为了节省篇幅，本研究报告专注于在所有矿产和能源市场中需求的共同决定因素。

有七种决定因素对于理解所有能源和矿产市场的需求结构至关重要：

- *收入和经济活动*。矿物和能源产品最常见的是作为消费品生产过程中使用的中间产品被消耗；对最终产品的需求的变化直接影响对原材料的需求。

  反过来，对最终产品的需求是收入或经济活动作用的结果，会受到两个因素的影响。第一个因素通常是主要由商业周期波动造成的短期变化，第二个因素是在经济的长期增长和结构变化推动下产生的长期变化（常常概念化为“使用强度”，IoU）。不论这两个中哪一个是导致收入变化的首要原因，都会影响需求作出反应的大小（附录 B3 详细讨论了能源和矿产需求的长期结构动态，包括 IoU）。
- *矿物或能源产品的价格*。除了收入之外，矿产或能源商品自身的价格也是需求的一个重要决定因素。价格提高增加了最终产品的生产成本，而且如果这个成本被传导到最终产品的价格中，在其他条件都同等的情况下，最终产品的需求量会减少。如果可以找到具有成本效益的替代物，那么将该原材料用作投入品的生产商就会宁愿放弃这种价格更高的金属。
- *替代物的价格*。多数用作中间产品的金属会与提供类似功用的其他原料（包括其他金属）竞争。例如，在用于冷却或烹饪的管道的制作中，铝就会和铜竞争。

  铝价和铜价之间的关系已经得到了确认，从事这两种商品交易的分析师会定期查看两者价格之比（见图 2.4）。这是因为铝和铜有类似的热力学性质，因此是用于散热管和烹饪器具的很好的替代物。因此，有一个铜—铝价格乘数；高于该乘数时，买方就愿意从其中一种换成另外一种。市场参与者密切监控这一乘数以了解特定金属合约的潜在风险。

  在某些情况下，能源市场中的替代物是显而易见的；沿着电线传输的电子是完全可以替代的。在某些情况下，像太阳能或风能发电这样的可再生能源可以成为燃油或燃煤发电近乎完美替代物。

图 2.4　三个月铜价与三个月铝价的比较，1990—2012 年

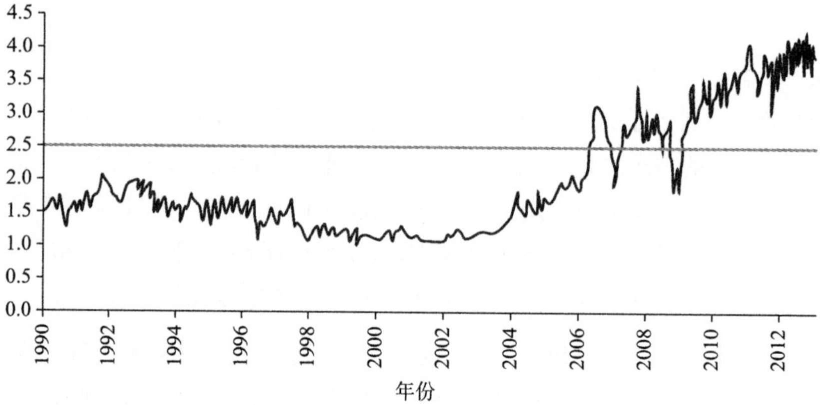

资料来源：《2014 金属展望：牛市和熊市风险因素探究》，摩根大通大宗商品研究（Kaneva，2014）。

注：LME = 伦敦金属交易所。

- 补足物的价格。在某些情况下，一种原料价格的下降会增加对另一种原料的需求。例如，铁矿石（钢铁生产中的一种主要投入物）价格的下降可能会导致钢铁需求量的增加，但同时也可能导致对用于合成不同类型的钢铁的所有其他金属需求的增加。在这种情况下，铁矿石就是合金金属的补足物。
- 技术。技术的改变以几种方式影响需求：
  - 通过提高利用效率——比如铝的生产或再生中的创新可以减少对铝土（可以从中提取铝的矿石）的需求。
  - 通过消除对商品的整体需求——例如，聚氯乙烯（PVC）管道这项革新就极大地减少了管道工程对铜的需求。
  - 通过形成全新的市场——比如由对需要用到铟、硒、碲和镓等稀有金属的光伏（PV，或太阳能）板的投资形成的市场。
- 消费者偏好。消费者偏好的变化最终会改变商品最终用途市场，因此会产生各种可能的效果，包括增加或减少需求（包括长期的和短期的）以及影响弹性。消费者偏好是依具体市场而定的，在某些情况下是与文化有关的。

例如钻石，全世界大部分需求都在美国和日本，而这两个国家的消费者偏好非常不同。在一个钻石按四 C（分别为：color = 颜色；carat = 克拉，即重量；cut = 切割；clarity = 净度）来分级的市场中，美国消费者倾向于偏好克拉（重量）胜过其他几个 C，因为钻石与财富相关，越大越好。另一方面，日本消费者倾向于代表纯洁的特点（比如颜色和净度）而非大小。

- *政府政策*。政府的政策、法规及其他行为也会影响需求。重要的实例包括对外政策、工业政策和贸易政策。就工业或发展政策而言，政府可以投资于能创造对钢、铜、金属聚合物及各种补足物需求的基础设施。而以贸易政策为例，囤积战略性储备可以在需求侧产生短期的影响，因为国家要么会增加要么会减持储备。例如，在中央银行放弃金本位的情况下，黄金储备就会大规模缩减存量；今天，美国军方和日本政府坚持储备某些他们界定为至关重要的矿产[8]。

需求的弹性

需求及其主要推动因素之间的关系可以用方程式 2.1 中的广义（短期）需求函数来表示，在该方程式中需求取决于期间 t 内的收入（Y）、自身价格（P^o）、替代物和补足物价格（分别为 P^s 和 P^c）、技术、消费者偏好（*Cons*）以及政府政策（*Gov*）。

$$Q_t^D = f\ (Y_t,\ P_t^o,\ P_t^s,\ P_t^c,\ T_t,\ Cons_t,\ Gov_t) \qquad (2.1)$$

需求的收入弹性是短期弹性，同样在短期内，多数矿产的需求收入弹性被假设为大于1，因为需求集中在施工、运输、资本设备和耐用消费品方面，这些方面的需求往往对商业周期反应非常灵敏。

相比短期，在长期内需求更具有价格弹性。考虑到金属自身的价格（以及替代物和补足物的价格），通常假设需求的弹性在长期内比在短期内更大，这是因为金属和矿产消费者通常需要花费较长时间（几年甚至更长）去改变生产技术并用一种原料替代另一种（Tilton，1985）。作为原料价格变化引发的创新和新技术的间接结果，价格变化对金属需求的影响在很大程度上要很长时间之后才会发生。因此，通常假设需求的自身价格弹性在短期内小于1，长期内大于1。短期需求曲线通常很陡，要比长期和超长期的需求曲线陡的多，正如图 2.5 所示。

在考虑制成品或合成品中使用的矿物的需求弹性时，希克斯—马歇尔（Hicks—Marshall）定律提供了有益的框架。这一定律说明：通常，某种矿物或能源产品的需求弹性在以下情况时较高：（i）最终产品的需求自身价格弹性相对较高（$|\varepsilon_D|>1$）；（ii）容易被替代；（iii）其他生产投入物的供应自身价格弹性很高（$|\varepsilon_{\text{fin prod}}|>1$）；（iv）该矿物或能源产品占最终产品的最终总成本很大一部分时（$|\varepsilon_{\text{S prod factors}}|>1$）。

图 2.5 当下、短期、长期和超长期需求曲线

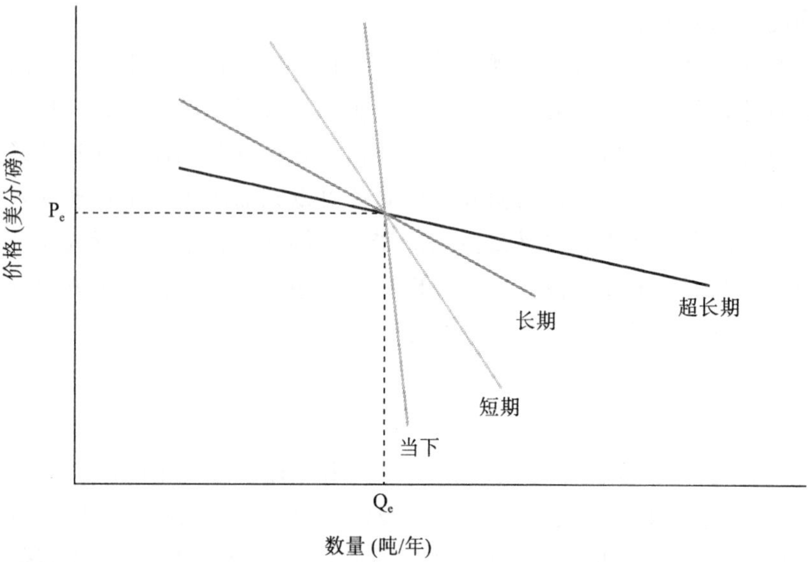

资料来源：Tilton（1985），由采矿、冶金和勘探协会提供。

矿产和能源供应的决定因素

矿产和能源供应可以细分为一次供应和二次供应。矿产和能源供应的性质在一次生产（直接利用新开采的矿藏或储备）和二次生产（消费品或工业废弃物的循环利用）之间有巨大的不同。

一次供应可以进一步分类为主要产品、共生产品和副产品供应。分类取决于矿物或能源产品对采掘项目经济可行性的重要性。例如，主要产品对项目的可行性如此至关重要，以至于单凭它们的价格就能决定项目的产出。当两种或更多的联产品价格会影响生产水平的时候，这些产品就被叫做共生产品。最后，副产品几乎完全不重要：其价格或回收对矿的产量没有影响。

二次供应可以成为供应的主要来源并且（和主要产品、共生产品以及副产品一起）需要在任何供应—需求评估中加以考虑。铁矿石、铝土矿和煤碳通常作为独立产品生产，因此最常被分别视为铁、铝和煤等主要产品的供应来源。然而，由于用铁矿石和铝土矿生产的铁、钢和铝还常常可以用消费品再生而成，因此二次生产可以构成这些金属总供应的很大一部分。另一方面，铜尽管经常与其他金属（比如黄金或钴）一起被发现，但通常也是一种主要产品。就铁和铝而言，二次生产有时会构成总供应的很大一部分。与此同时，铅和锌常常为共生产品——它们在矿藏中总是自然地出现在一起。尽管二次生产对锌来说并不重要，但汽车电池中铅的循环利用却是铅的一个非常重要的来源。金、银、钼和碲是铜生产中典型的副产品，而金和银是镍、铅和锌生产中的副产品（在有些矿中是主要产品）。

主要产品、共生产品和副产品之间的区别非常重要，因为它与采掘这些产品的边际成本直接相关。主要产品供应对于采矿、石油或天然气业务而言至关重要，它承担着与开采相关的所有直接可变费用和固定费用成本。在一种金属作为共生产品存在的情况下，成本将与另外的共生产品分担；而当它是作为一种副产品生产时，开采的大部分成本将由主要产品承担。因此，副产品供应往往是成本最低的供应。例如，拿黄金这种可能作为三类产品中的任意一类而生产的金属来说，很可能其作为主要产品供应时的成本要高于作为共生产品供应时的成本，同时作为副产品（即黄金生产与铜的生产相关）供应将是成本最低的一个选择。

区分短期和长期供应也很重要，因为在短期内供应是非常缺乏弹性的。这是因为在短期内大多数采掘业面临产能制约，无论价格发生什么变化，产能都固定在了装机时的水平。公司可以通过更有效地利用产能改变产量，然而，鉴于与采掘业相关的大量固定成本，对采掘业来说最佳的做法是全年保持持续运转，这样一来就几乎没有余地增加产能。因此，在短期内供应是非常缺乏弹性的。

金属市场的价格波动主要是需求的收入弹性高与供应的价格弹性低共同作用的结果，由于供应的弹性低，需求的很小变化就可能造成价格的大幅上升（因为供应无法调节）。鉴于让新生产力投入生产的准备时间很长，价格涨幅可能会很大——造成常常与（大宗）商品市场相关的“盛衰”循环。

从长期来看，通过运用资本可以开发新矿，可以修建或扩建新的加工设施。其结果就是，在长期内供应的弹性将较短期或近期大大增加。

在超长期内，就已知矿藏或生产设施而言不存在制约因素：公司有时间运用资本并寻找新的矿藏。现有类型的矿藏的枯竭使得开采新的、成本更高的资源（要么埋藏更深，要么需要对资本回报做更高的风险调整）成为可能。结果就是，超长期的供应曲线变平，而且实际上供应没有制约因素。

价格的高水平有时能增加供应的弹性，因为不同类型的矿藏的开采变得可行了。例如，大规模、低品位的铜矿藏相当丰富而且在过去70年里经常被发现。最近由美国地质调查局（USGS）进行的一项调查（Zientek等人，2014）确认，赞比亚拥有的未发现的铜大约和已发现的铜一样多，但是新的铜矿藏要么品位低（例如斑岩铜矿），要么埋藏很深。随着铜价的

图 2.6　当下、短期、长期和超长期供应曲线

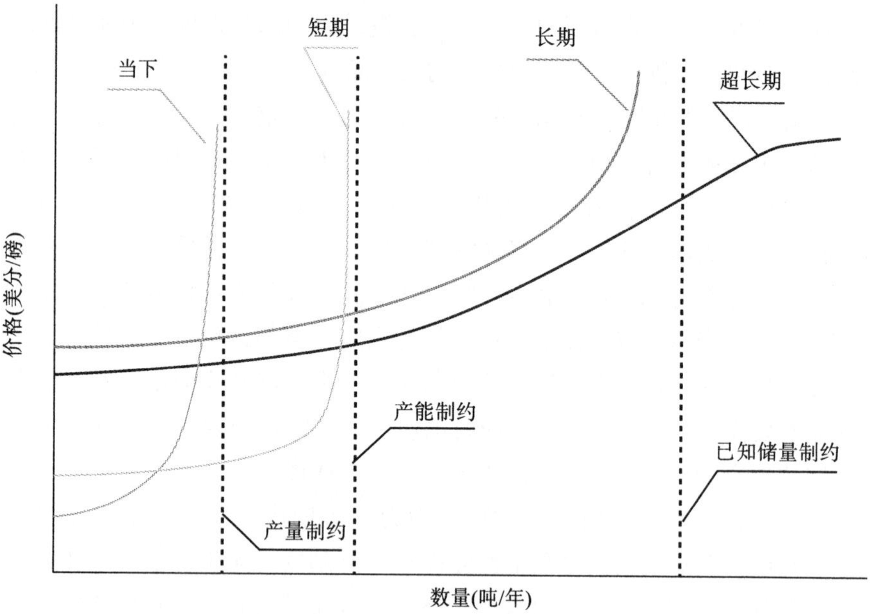

资料来源：Tilton（1985），由采矿、冶金和勘探协会提供。

上涨和技术的改进，开采这些类型的矿藏也变得可行了。另一个例子是，在全球的海洋里可以发现大量溶解的金，但浓度很低。当价格达到一定阈值后，这种金在经济上就具备了开采的可行性。

图 2.6 中供应曲线的相对位置是以有关生产成本对供应的影响的几种假设为基础的。例如，由于生产在近期和短期内的固定性质，这些成本可能基本相同（Tilton，1985），近期供应与库存有关，与新增的生产并无关系，结果就是成本略低一些。从长期来看，新的、成本更高的矿藏很可能投入生产，因此可以认为成本会增加（因为现有的成本更低的矿藏已经被开采了）。短期曲线位于长期曲线之下，因为它只包括短期成本，并不包括与资本有关的固定成本。长期曲线在超长期曲线之上，因为在超长期内，低成本矿藏的发现以及新型矿藏的开发会减少成本——并进而降低价格，而形成任何一种供应水平都需要价格这个推动因素。

正如需求的情况一样，许多变量会在短期和长期内影响供应，而这种影响会因商品不同而不同。下面的讨论审视了六个关键因素（详情见 Tilton，1985）：

图 2.7　全球黄金勘探支出与黄金价格对比，1975—2012 年

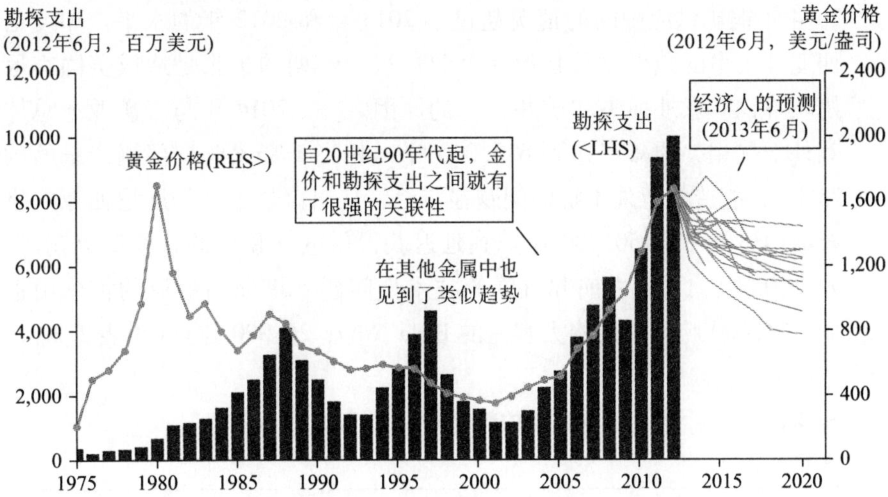

资料来源：MinEx Consulting Pty Ltd. 的估计，2013。

注：RHS = 右手边，“黄金价格”；LHS = 左手边，“勘探支出”。

- *自身价格*。利润最大化的公司会增加生产直到边际成本与边际收入持平。正如之前讨论的那样，产能制约在短期内会限制供应的扩大；然而，从长期来看，公司对价格信号的反应非常灵敏。不仅生产模式与多数商品价格（走势）非常类似（但会落后于价格），勘探活动（长期供应的一个指标）也会对价格作出反应（如图 2.7 所示）。
- *投入物成本*。因为重要投入物的成本（比如劳动力和能源）会直接影响生产的总成本，所以它们会对供应产生实际影响。在短期内，由于生产要素之间的替代弹性很低，一个生产要素（比如劳动力）价格的上涨常常会直接转化为生产者自身供应曲线的直接位移。在长期内，考虑到生产要素当前的价格和预测的未来价格，公司可以调整技术并设计出不同要素的最佳组合。
- *技术*。技术的进步能够对矿产和能源供应产生广泛的影响。在某些情况下，这种影响是显著的，能释放出大量之前在经济上不那么有价值的资源。可以看看这个例子：用于加工低品位的斑岩铜矿的溶剂萃取和电解沉积技术的开发首先是在美国，之后在智利（在这里其应用已十分普遍）。
- *劳动力及其他干扰因素*。劳动争议和其他干扰因素（政治因素、技术因素等等）会对矿产供应产生重大影响，南非铂矿久拖不决的劳动争议（从 2012 年开始到目前）就是一个例子。为了从长期而言避免干扰，有些生产者考虑以专业化的机械设备这一形式的资本替代人力。2014 年铜矿供应中断的情况超过了 2013 年和 2012 年的水平。印度尼西亚开工率的减少以及其他几个业务慢于预期的扩张是造成美国宾厄姆峡谷铜矿意外损失和矿井失稳的原因之一。2014 年与采矿业务总体意外干扰相关的减产达到 673,000 吨（相当于赞比亚全部铜产量的约 75%），能造成意外干扰的问题很广泛，从出口禁令（印度尼西亚的格拉斯伯格铜矿；150,000 吨）到延迟获得供电（秘鲁的特罗莫克铜矿；90,000 吨），再到岩崩和沉降等技术性问题（塔斯马尼亚的雷尔山铜矿；24,000 吨；以及澳大利亚的 Birla Nifty；26,000 吨）（见表 2.3）。

表 2.3　　2014 年的部分铜供应中断现象

以千吨计

业务	矿的损失	冶炼的损失	注
雷尔山	24		岩崩
特罗莫克	90		延迟获得电力供应、排水方面的问题、“设备相关的问题”
卡塞隆内斯	75		施工受阻、罢工
格拉斯伯格	150		矿石出口禁令、意外事故
巴都希贾乌	18		矿石出口禁令
KCM	18	16	矿：停工、低品位、洪水。冶炼厂：配料问题、“商业问题”
DRC	50		限电、功率稳定性
奥尤陶勒盖	25		技术问题、尾矿浓缩机制动失灵
Nifty	26		沉降
本塔纳斯		24	因与环境相关的维修而关闭 23 天
洛斯布隆塞斯	3		承包商罢工
安塔帕凯	1		在去年遭受台风破坏后的修复
Pasar		55	卢姆瓦纳的部分传送带倒塌
巴里克	27		初创公司最初面临的问题
哈雷斯	10		启动被进一步延迟
贾巴尔赛义德	55		地质断层交叉
埃尔索尔达多	14		报告矿石品位低
曼妥斯布兰科斯、曼托维德	3	3	冷却塔着火
LS - Nikko 一号矿		2	高炉爆炸
LS - Nikko 二号矿		18	氧气发生器故障

续表

业务	矿的损失	冶炼的损失	注
甘肃		120	品位低
安托法加斯塔	14		球磨机故障
平托谷			罢工
Radomiro Tomic	48	48	有毒物泄漏
Mt Polley	7.5		废料短缺
GuelbMoghrein	5		罢工
布埃纳维斯塔			排序、事故
Various		40	
埃斯孔迪达	7		
切洛佩奇、Kapan	2		
总损失	673	326	

注：DRC = 刚果民主共和国；KCM = 肯克拉铜矿。

资料来源：金属通报研究（Metal Bulletin Research，MBR）（Westgate，2014）。

- *政府活动*。政策和法规对生产成本和新供应的开发有很大影响。影响因素的实例包括政府税收等重要政策的频繁改变、有关已宣布但尚未形成法律和法规的政策意向的不确定性、矿产出口禁令以及石油和矿业公司的国有化或本土化。

  这些行为通过以下几个方式影响供应：（i）对全球市场可以获得的供应数量加以直接、实际的限制（即通过配额或关税等出口限制措施）；（ii）限制鼓励新供应（通过最高限价）；（iii）阻止投资于新产能（通过频繁的政策改变或不清晰的政策公告）；（iv）可能对行业投资和生产效率进行限制（通过国家对业务的直接控制）。

  与此同时，提供国家担保和免税期等政策激励措施的目的则是刺激新的供应。在多数发达国家，这些激励措施仅限于针对某些至关重要或战略性矿产。这些通常与能源相关，但也可能包括对于安全或国内工业至关重要的稀有金属。在拿出财政激励措施之前，政府需要谨慎地对其进行评估（作者并不提倡使用激励措施，因为它们给国家和公司造成的结果可能有好有坏。相反，作者只是试图指出通过改变公司的供应成本，激励措施可能构成供应函数的一部分）。
- *市场结构*。最后，市场结构可能对供应产生很大影响，特别是在卡特尔或商品供应垄断存在的情况下（比如石油和钾碱市场）。

供应的弹性

供应及其主要驱动因素之间的关系可以用方程式 2.2 中的广义函数来表示。在这里，所需的量取决于自身价格（P^O）、成本（C_t）——可以进一步细分为工资、能源和资本服务的费用——以及技术（T_t）、在任意给定时间（R_t）点上自然资源的特点以及在期间（Tt）内的政府政策（Gov）。

$$Q_t^S = f\ (P_t^O,\ C_t,\ T_t,\ R_t,\ Gov_t) \tag{2.2}$$

该供应函数已经简化了；它并不包括劳动力或其他干扰，或者价格或成本的任何滞后值；它是一个短期供应函数。

相比短期来说，通常就长期而言供应的自身价格弹性更大，但这只有在短期内的产量与产能接近的情况下才成立（Tilton，1985）。当产能没有得到充分利用时，供应甚至在短期内也会对价格变化做出反应。

生产技术与长期供应

采掘行业很少符合柯布—道格拉斯生产函数。值得对生产技术这样重要的问题加以研究。经济学家倾向于应用柯布道格拉斯生产函数或者恒定替代弹性（CES），但这些很少能反映出行业短期内的实际情况。如果一个矿是按产能运行的，那么增加劳动力未必会增加生产量。采矿、石油和天然气企业在短期内需要按固定比例投入。一辆卡车只需要一个司机，不需要两个，第二位司机并不能使这辆车有两倍的效率。类似地，更多的卡车也不会增加加工厂的产能，因此，就短期而言，采掘业的多数投入物彼此之间的比例是固定的。

在采掘业的背景下，用列昂惕夫生产技术来描述短期生产技术要比用柯布道格拉斯或 CES 技术来描述更为准确。这是一个重要的认识：它承认生产要素在多大程度上可以用其他东西来替代是受到很大限制的，而且更为重要的是，边际成本也将是平均成本。这一点很重要，因为这使得供应的行业现金成本曲线（如图 2.1 和图 2.2）变得更加举足轻重，在该曲线中术语 C1、C2 或 C3 最有可能体现的不是边际成本 C#($\forall \# \in \{1,2,3\}$)，而是在给定期间内的平均成本 C#。

就像供应和需求价格弹性的情况一样，生产要素的替代弹性就长期而言要高得多，因此，在长期内，CES、柯布道格拉斯或其他嵌套函数形成了模型的适当基础（有关如何将长期考量与短期现实结合起来的更多内容见 Miller，2000）。

注：

1. 应该注意的是并非所有的乱采富矿行为都会导致丧失生产能力。在某些情况下，乱采富矿只会导致低品位资源生产的推迟。在露天矿井中或者在旧尾矿的重新开采中这种情况更有可能发生，因为某些安全和开采条件尽管可能仍然不可忽视，却往往比地下开采的条件要好。
2. 宝石对于完美商品的典范而言是一个例外。例如，一克拉钻石无法由另外一个替代；用于评估钻石的分类等级有近 12,000 个。
3. 霍特林租金是否应该包括在估值中是讨论的一个主题，因为霍特林租金代表了当前生产的实际机会成本。然而，实用的考量迫使它们被纳入大多数对地下财富的估值中。
4. 见 Nordhaus 和 Kokkelenberg（1999），这里的讨论基于他们的这份研究报告。
5. http：//web. cim. org/standards/documents/Block487_ Doc69. pdf.
6. http：//www. samcode. co. za/.
7. 对固定储量的自然资源的开采可以界定为地质的或经济的。这里的分析所作的假设为经济开采。
8. 美国军方：镓、锂、铌、稀土元素、铼、钽（Parthemore，2011）；日本：钴、铬、锰、钼、镍、钨、钒（Eggert，2011）。

第三章

制度框架

授权与条件

采掘活动的制度框架应该以针对立法机构和行政部门的明确的宪法及其他法律规定为基础。该框架应该清晰地勾勒出责任在各个政府部门间的分配，并以单个政府实体所拥有的自由裁量权程度为基础提供制约与平衡：

- 立法机构，因为它们有制定法律的权力，因而有责任审查法案并制定针对采掘行业的法律。通过它们的监督职能，立法机构得到授权，要确保政府活动可以被问责以及资金分配到位。
- 行政部门，通常包括总统和内阁，往往要就许可发放、国家参与以及采掘业稳定化和/或储蓄基金的建立等关键问题作出最终决定。

针对采掘业及相关行业的政策的制定和执行是极其复杂的任务（有关采掘业计划的组成部分参见表5.2），涉及多个部和政府机构。而这些单位反过来需要和公司、民间团体以及该行业的其他参与者互动。这就需要各部之间的协调，同时政府内部也需要有专业的人力资源能力。

部际协调对于防止职能重叠或冲突以及避免监管责任空白而言至关重要。在协调不足的诸多案例中，一个部或者一个机构在促进对采掘业的投资，而其他部或机构却在通过推迟发放签证和工作许可以及推迟货物和设备的清关等设置各种障碍，恶化商业环境的情况并非少见。专栏3.1给出了加纳的案例，在加纳，据说协调不足已经对资源税收的征收以及采掘业的运营管理产生了影响。

专栏 3.1 机构协调不足及其影响：加纳的案例

加纳公共利益与问责委员会（Ghanaian Public Interest and Accountability Committee，PIAC）是一个负责监督和评估政府制定的《石油法案》的遵守情况的法定机构，该委员会最近公布的一份报告凸显了由于机构合作不足而产生的石油合同管理方面的挑战：

- *过于乐观的收入预期*。根据该报告，负责石油收入预测方法的财政和经济规划部（Ministry of Finance and Economic Planning，MOFEP）没有充分考虑加纳税务局（Ghanaian Revenue Authority，GRA）关于相关公司纳税状况的建议，结果造成实际的石油收入几乎比预算预测少 50%。
- *对各个收入流的核算支离破碎*。所有从石油获得的收入在法律上都要通过加纳石油控股基金（Ghana Petroleum Holding Fund）管理，这使得合并报告和监督成为可能，但是地面租赁费要支付给一个单独的不征税的账户，这有可能导致某种程度的征收不足。
- *机构能力不足和缺乏预算供应*。一些按照法律规定需要执行和监督石油合同并管理石油收入的机构人员不足，并且没有通过预算得到足够的资源。进行技术核查的人员和资源不足已被认定为一个特别的弱点——同时也是在加纳从事原油勘探和生产的公司不正确履行运营承诺背后的一个重要因素。

资料来源：根据加纳公共利益和问责委员会（2012）报告改写。

本章的剩余部分得自旨在勾勒出适用于采掘业管理的制度结构的国际经验，包括各部和部门的职能与责任的划分。这是一个通用的模式，需要根据当地的情况进行调整。一个国家选择的用以管理自然资源采掘中所面临的各种挑战的制度结构类型，将在很大程度上取决于这个国家的政治、历史和地质情况，以及所讨论的资源的类型。

行业主管部门的职能

资源（石油、天然气和/或矿业）部要负责采掘业的总体管理，包括制定资源政策、起草法律法规以及监督采掘业机构。采掘业主管部典型的职能包括以下组成部分：

- *负责管理勘探和开采权的部门*。接受许可证申请，强制执行授予许可证的条件并维持对勘探和生产许可的最新登记（就采矿而言，这一登记职能由最新的矿权地籍簿来履行）。

- *督查机构*。监管该行业并监督运营。其职责通常包括制定技术规范和标准；测量和监督生产；对运营进行技术监督；确保授予许可的条件、法律和相关法规得到遵守。它还负责监督对职业健康与安全标准的遵守情况。对环境标准的监督职责可能由这个督查机构承担，或者由环境部履行。
- *地质调查所*。开发和维护有关国家地球科学基础设施的可靠信息，包括地质图和相关数据库。它还为采掘业以及相关要素（比如水资源管理、环境管理、土地使用、地质灾害风险管理以及基础设施工程等）提供基本的地质知识。
- *矿业经济（研究）部门*。提供对采掘业中经济问题的分析。这个单位还应该对该行业中的采矿和碳氢化合物公司的经济情况进行分析。它可能还会和矿业发展/促进单位联手在国内和国际活动中推广该行业。
- *推广部门*。向潜在的国内和国外投资者推广该行业，可以和矿业经济（研究）单位结合在一起。
- *手工和小规模采矿部门*。在手工采矿行业占很大比重的那些国家，这个单位负责处理小规模采矿特有的问题。
- *健康和安全部门*。制定和强制执行该行业的健康和安全指导方针。
- 也许还有监督国有企业（SOE）绩效和管理的部门，以及负责起草和审查政策与法律的政策部门。

在实际中，这些主要职能将根据情况进一步分解为其他相关职能并为其他相关职能所补充。图 3.1 提供了采掘业治理结构的实例：阿富汗在世界银行的石油、天然气和矿业部门（SEGOM）帮助下提出的矿业部组织模式。

财政部和税收机构的职能

落实公共经济和财政政策的核心职能通常在于财政部（或对等的部）和税收机构。这些职能包括了几个对采掘业管理而言至关重要的职能：（i）资源收入政策（通过财政制度的设计）；（ii）资源收入的预测和征收；（iii）对采掘业活动预算分配的管理；（iv）可能因采掘业产生的债务的管理。

在设计采掘业财政制度方面，财政部需要行业主管部提出意见以便确保政策能鼓励收入的征收，但同时不会给采掘业更广泛的投资环境造成负

图 3.1　建议阿富汗矿产部门采取的组织模式

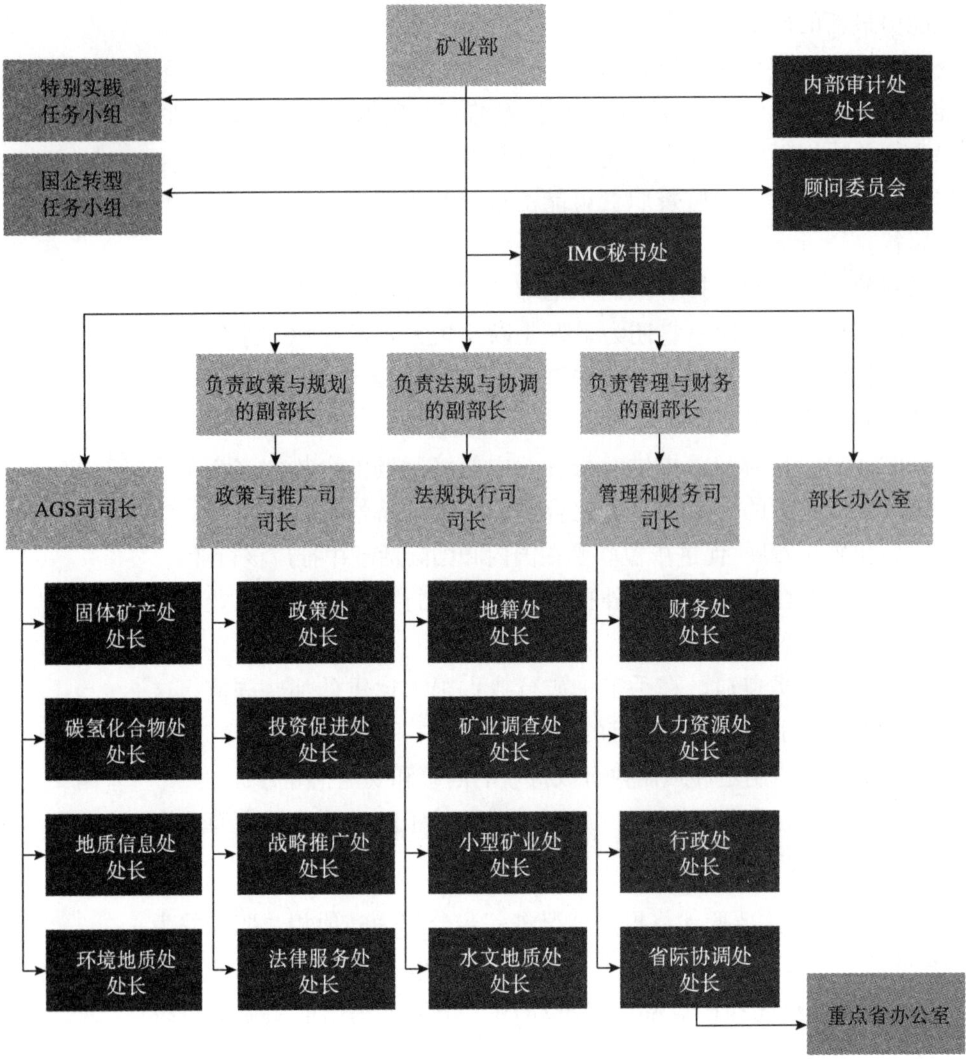

资料来源：矿业和石油部，阿富汗政府，(2010)。

注：AGS = 阿富汗地质调查局；IMC = 部际委员会。

面影响。正如在有关采掘业财政制度的第五章中强调的，这些制度可以采取多种形式，会对收入征收以及推动勘探和开采中的采掘活动产生不同的影响。行业主管部门就全球采掘投资环境的技术投入而言在设计财政工具和决定适当税率时十分关键。

财政部和税收机构通常负有执行采掘业结算期和征收资源税以及非税收入的基本职责，但行业主管部门也会有很大程度的参与。资源收入是几个变量的函数，包括资源的数量和质量、资源的价格以及估计的生产成本。评估这些变量需要具备采掘行业的技术专长，进行评估资源的数量和质量的实物审核；了解全球资源市场以确定适当的资源价格（特别是在商品没有在交易所交易的情况下）；了解矿的生产和运营活动以确定生产成本和风险。财政部也许并不处在具备必要技术专长的最佳地位；因此，与主管石油或矿业的技术部进行强有力的持续合作，同时明确地划定职能和责任，是十分重要的。

向采掘业有效征收税费和特许权使用费要求员工具备足够的相关资历，但这种关键的人力资源在许多资源丰富的发展中国家往往十分匮乏。对于使政府与跨国公司和大型投资者处于同等地位，以及对于确保政府得到适当的收入并成功地对采掘业进行管理，合格的技术人员都是必需的。鉴于在许多资源丰富的国家采掘业带来的收入所占比重之大以及与采掘业收入管理相关的挑战，给予这个行业的人员配置时间应与其对公共收入的贡献成一定比例。在一些国家，这种安排是通过将采掘业的行业税务机构作为税收机构内部一个更大的纳税部门的一部分来实现的；其他国家则有专门的采掘业行业税务部门。无论机构形式如何，负责税收征收的部或机构必须拥有具备高度技能和经验的人员以有效地实施采掘业的收入管理，同时能够面对私营部门给出的高薪留住人员。

财政部或者政府内部另一个指定的机构的另一项重要职能是预测资源收入，为中期预算规划提供资料。事实证明预测资源收入往往充满挑战，这是由于全球商品价格的波动以及估计在其国内运营的采掘业公司的潜在产量所具有的难度造成的。追踪这些关键的生产和价格变量需要对全球商品市场动态的专门知识（以及行业主管部的参与）。生产计划对于提供有关生产的自下而上的估计极为重要，应由公司提交给行业主管部以便于监督，并进而与负责作出收入预测的机构共享。自下而上的生产计划应该通过在行业主管部监督下的实物审核进行核实和监督。其他由财政部承担的相关责任包括：

- 通过预算程序向其他部和机构分配必要的资源，支持对采掘业有效率和有效果的管理。
- 在收入由地方分享的国家，确保资源收入按照法定（或规定）的收入分享框架与地方政府分享；对地方分享收入感兴趣的读者可以参见 Anderson（2012）、McLure（2003）、Ahmad 和 Mottu（2003）以及 Brosio（2003）的报告。
- 参与资源政策和管理指南的制定，特别是有关收入征收和管理的；设计财政规则以及管理资源收入［包括创建和管理主权财富基金

(SWF)]。

- 参与政府内部的透明度动议，确保资源合同和资源收入的透明度（在参与实施《采掘业透明度动议》的国家，这一点可以通过积极参加该动议的多利益相关方团体来实现）。
- 监控因采掘业的勘探和生产而导致的债务的累积，包括与矿业公司修建的地方公共基础设施相关的维护成本、环境破坏导致的成本以及重新安置搬迁社区的成本。

国家资源公司的职能

感兴趣的读者可以参阅 Daniel、Keen 和 McPherson（2010）的报告中 McPherson 撰写的“资源行业的国家参与”，以及“石油和矿产税收：原则、问题和实践”，该报告提供了关于相关问题的精彩讨论，本节内容就取自其中。

国家资源公司（NRC）在采掘业行业管理方面作用很大。在石油领域，国有石油公司（NOC）控制着全世界 90% 的石油储量并占总产量的 70% 以上（BP Statistical Review，2008）。在采矿领域，国家矿业公司在许多情况下已经通过干股或实缴股本基础上的参股变成了国有产权。

一系列商业和非商业性目标是促使 NRC 建立的原因。经常被提出的首要目标是通过商业利润产生的红利和税收为国家创造额外收入，NRC 也常常被要求完成许多国家的、经济的、社会的和政治的非商业性目标，比如创造就业以及提供社会性和实物的基础设施。许多 NRC 的非商业性、准财政性且常常在预算外的活动通常已排除了高效的预算管理和宏观经济政策的可能性（Cameron 和 Stanley，2012）。因为目标如此混杂而造成的复杂局面（其中许多目标无法衡量或未经衡量）也是造成许多 NRC 缺乏透明度的原因之一。

就其商业性目标而言，NRC——特别是采矿领域的 NRC 都带有一定程度的风险，这种风险未必能为效益所补偿，特别是在比照设计良好并得到有效管理的财政制度的情况下。政府要为亏损的 NRC 提供资金可能就要将资金从其他重点工作中抽出来，从而危害教育、健康和住房等其他领域的发展目标。对财政制度的模拟表明，在采用了现代高效的税收制度的情况下，通过红利获得的收入并不多（McPherson，2010：表 3）。

另外，在追求其商业性目标的时候，NRC 往往同时承担监管和商业责任，这可能会带来糟糕的商业后果，从而产生利益冲突。这样的利益冲突包括同时充当一个私营投资者的合作伙伴和监管者——或者实际上自己充当自身商业业务的监管者。国际经验表明，大部分成功的 NRC 往往是那些监管和非商业职能由政府承担、非商业性目标有限并且需要面对来自其他公司的竞争的公司（Heller、Mahdavi 和 Schreuder，2014）。挪威的 NOC——挪威国家石油公司（Statoil）就是这样一个例子。从其成立开始，该公司就面临着国际竞争，政府在鼓励它的同时也期待它能尽快从竞争、风险分担、技术转让和石油管理技能的涌入中获益（McPherson，2010）。

与其独立的商业角色一致，NRC 从法律上来说应该是按照公司法成立的独立实体。依照同样的原则，其管理人员也应该是以职业资历为依据而不是通过政治任命程序任命的。同时，董事会应该确保公司专注于其核心业务而不是追求政治目标。

作为对这些经验和担忧的体现，NRC 的主要责任应包括以下几点：

- 管理国家参与采掘业的商业性方面。
- 形成采掘业方面的专业知识和技能。
- 实现股东价值的最优化（不论国家拥有全部还是部分股份）。

反过来，政府（以其采掘业行业主管部和监管机构为代表）对 NRC 的监督责任应包括以下几点：

- 维持对国家商业利益的专注，与此相符地，促进 NRC 的海外扩张。
- 确保采掘业公司间（包括 NRC）的竞争环境。
- 对照其他公司制定 NRC 的商业绩效基准。
- 在 NRC 和其他政府机构之间适当地分配责任。

其他政府部门和机构的职能

除了矿业（石油和天然气）部和财政部之外，各种其他的部和政府机构也有可能参与采掘业行业政策的落实。下面列出了这些机构及其相关责任的例子。

- 负责司法和宪法事务的部：
  - 起草石油、天然气和采矿法律法规，需要行业主管部门以及财政部（就财政问题）提供技术投入。
  - 起草有关资源收入管理的法律法规，需要财政部提供技术投入。
  - 可能需要起草与颁发矿产许可证相关的法规以及关于采矿业务的法规。
- 负责环境、水、森林、湿地和野生生物的部：

— 确保在项目开发的初期就制订适当的关闭计划（有关环境安全保障的内容见第六章）。
— 监督遵守环境保护计划和关闭计划的情况，针对不遵守的现象征收罚款或其他监管规定允许的罚金。
— 通过颁布水及污染许可对水的利用和污染进行监管。
— 确保符合水及污染许可的条件，以及确保对集水区和排水区、森林和湿地的保护。
— 监督资源采掘对采掘活动区域内的地下和地表水体、土壤、植物群以及空气质量的影响。
— 确保采掘业行业政策符合野生生物保护的要求。
— 管理采掘业活动产生的有毒物质可能造成的任何影响。

这里需要注意的是最佳实践使得环境问题有必要由专业化的部门（主要是环境部或与之对等的部门）而不是由采掘业行业主管部来处理。尽管如此，采掘业行业主管部门仍可能保留一个很小的环境部门，以便与负责环境和社会问题的专业化部门进行协调。

- 负责工业的部：
  — 确保资源政策与国家的工业发展政策相一致。
  — 与行业主管部协力，推动发展上游、下游和支流（领域）与国内有资质公司的生产衔接。
  — 与私营部门合作，为需要提升技能的公司和工人提供培训，以便形成上游、下游或支流领域的生产。
- 负责教育和研究的部（或各部）：
  — 建立和/或推动教育和培训计划，解决采掘及相关领域（比如石油和矿业技术员、工程师、地质学家等等）的专业人员配置问题，由行业主管部门设计提供有关的信息、意见等等。
  — 与跨国资源公司及其他相关机构一起，依靠国家级大学和研究机构与采掘业相关的研究和开发活动（R&D），在方便技术转让方面为行业主管部提供支持。
- 负责实体规划的部：
  — 精心制作开采地点的位置图，由行业主管部提供有关信息、意见等。
  — 使石油、天然气以及矿业基础设施建设与地区和国家的基础设施重点、规划及项目相协调。
  — 支持交通运输部和行业主管部评估建立资源走廊和产业集群的备

选方案。

- 负责劳工的部：
  - — 确保采掘行业的雇佣政策符合国家的雇佣政策和法规。
  - — 监督针对职业伤害和疾病的赔偿活动。
  - — 调停劳动争议并参与冲突解决。
- 负责地方政府的部：
  - — 根据国家对地方发展的政策，为地方政府的采掘业政策建言献策并进行协调。
  - — 对社区发展协议、基金会、信托以及基金进行审计。
  - — 就与采掘业活动相关的规划和能力建设向地方政府提供指导。
  - — 使采掘活动纳入地方政府的计划与方案。
  - — 确保石油、天然气和矿业基础设施发展纳入地方发展计划，如果必要的话，可以共用协议。

除了上述实体，涉及其中的许多其他的部和政府机构如下：

- 中央银行处理采掘行业对货币和汇率的影响；可能在跟踪、报告和协调采掘业的财政收支和资金收付方面发挥作用；而且如果必要的话，管理储蓄基金或平准基金。
- 审计署通过财务及其他审计监督政府在采掘领域的运作（按照宪法规定和其他相关法律），并确保遵守石油、天然气和/或采矿领域的国际会计标准。
- 负责信息和通信技术的部应制定法律和法规，解决提供数据传输和存储的问题，以应对资源公司对此已经增长的需求。
- 负责公共工程和交通运输的部领导与采掘业相关的交通运输服务的规划和监管以及与采掘业有关的基础设施的修建，而且如果必要的话，带头进行资源走廊的规划。

在需要考虑安全保障的情况下，负责安全保障的部（各部）要对石油、天然气和采矿设备的安全保障需求作出回应。在当地人口因来矿井工作的外来务工人员而大幅增加的情况下，可能会出现这种情况。

第四章

投资和生产周期

采掘业投资的特点

采掘业投资与多数其他行业投资的不同是根本上和多方面的。首先，基础设施和矿/油田开发的初始投资可能非常巨大；资本成本往往达到数十亿美元。第二，采掘业投资以前置期长为特点，因为发现矿和油田可能需要十年或者更长时间，之后才能进行开发。支出一旦发生，这些投资基本上就成了沉没成本，而且必须在矿或油/气田投产前完成。另一方面，投资期限可能非常漫长，有些矿可以生产50—100年或者更久。第三，投资面临高度的不确定性，特别是在勘探、设计和开发阶段；而在运营阶段，由于石油和矿产价格的波动性以及储量大小的不确定性，又始终存在高度的风险。品位低的矿石价格低，对矿而言是无利可图的，并被视为废物。同样地，需要昂贵技术的石油和天然气开采只有在价格保持在足够高的水平上，可以支付必须的费用的时候才能盈利。第四，石油和矿产是有限的资源，而且因为今天新增加一个单位投入生产就意味着未来将无法再利用该单位，最佳开采策略会受到影响并会因为私人和社会的时间偏好而有所不同。最后，在采矿领域，关闭矿的成本可能要占项目总体预算的很大一部分。

采矿周期

采矿周期可以分为四个阶段：勘探、设计和施工、运营以及关闭和关闭之后。关于这一点的图解和说明见图4.1和表4.1。

图 4.1　采矿周期的四个阶段

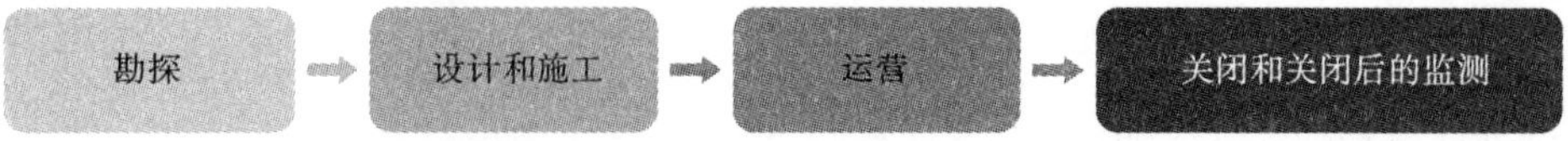

资料来源：作者本人根据 Newmont（2013）和澳大利亚矿业协会（Minerals Council of Australia，2015）汇编而成。

矿产勘探是采矿周期的第一阶段。在之前没有发现过矿物或金属的区域，成功率是极低的。如果通过所谓的基础勘探有所发现，就要进行进一步的检验以确定能否让这个发现进入下一个阶段。平均而言，10,000 个发现中只有 1 个最终能作为矿被开发（加拿大政府，2006）。通过使用由地质调查机构制作的地质图及同类数据，勘探阶段的成功率可以大大提高。最低限度的地质信息是必需的，这样才能将风险减少到私营部门可以接受的程度，从而开始勘探（在没有基本地质信息的情况下，风险通常都过高，无法诱使私营部门投资）。从经济学家的角度来看，两种市场失灵为国家发挥作用创造了空间，这会在以下情况出现的时候发生：（i）地质科学在初期阶段具备公共产品的一面，这意味着私营部门对它的供应是不足的，（ii）缺乏基本地质数据，因此与成功发现的前景相关的不确定性是如此之高，其潜在价值是如此不确定，以至于投资者无法适当地给它估价。

一旦探矿权得到相关政府机构的支持和批准，勘探者或公司就握有了在一定时间内对某一片土地进行勘探的专有权。地皮费和投资义务被用来阻止公司为了投机的目的控制土地而不进行进一步投资。在一些地区，勘探由非常小的矿业公司来进行，如果有了发现，它们会将开采权卖给更大的公司。勘探是一个很缓慢的过程：从发现有前途的矿藏到新矿启动之间的时间常常是 7—10 年，有时会更长。

矿的开发是采矿周期的第二个阶段。这个阶段的目的是估计矿藏的潜在价值并确定是否可以对它进行有盈利的开采。决定盈利性的因素包括：

- 资源所在的地点、矿产的种类以及对基础设施的要求（例如：在几乎没有基础设施的偏远地区开采钻石是可能的，因为钻石的价量比很高。这与价值较低且体量较大的金属，比如锌或铅，形成了鲜明对比）。
- 资源的规模和价值。
- 市场价格和与市场的距离。
- 以环境上安全的方式开采矿产的能力。
- 监管制度。
- 合格劳动力的供应情况。

表 4.1　矿业周期

	阶段	活动	政府批准	费用估计($)	一般期限
矿产勘探	地质基础结构	区域性空中地球物理、地球化学以及地质调查		10—100/km²	10—20年,国家项目周期
	矿产资源评估	区域性数据整合,矿床建模,前景评估			10—20年,国家项目周期
	勘察	半区域性空中和地面调查以确定目标		50万—200万	1—3年
	勘探	挖探槽、地面地球物理钻探、详细的地球化学和地质钻探	勘探许可证;勘探ESIA	10万—5,000万	1—10年
	后期勘探	钻探,试点测试,预可行性研究			
矿的开发	矿的规划	可行性和工程研究,ESIA和ESMP	采矿许可证;ESIA及其他(例如:水)	50万—1,000万	1—3年
	施工	基础设施,矿的开发,加工设施		5,000万—150亿	1—5年
矿的运营	采矿	矿石生产(露天矿,地下或冲积矿床)			10—100年
矿的关闭	关闭	最终关闭和退役	许可证的解除	100万—5,000万	1—5年
	关闭之后	维护		10万—50万/年	永久

资料来源：根据 Ortega Girones、Pugachevsky 和 Walser（2009）的报告改编。

注：ESMP = 环境和社会及管理计划；ESIA = 环境和社会影响评估；km = 千米。

矿的开发阶段的主要活动包括：

- 获取额外的技术、环境和社会经济数据。
- 制订开采计划、基础设施规划和关闭计划。
- 确保监管要求得到满足（例如通过矿业公司和政府之间的协商）。
- 评估环境和社会影响。
- 获得许可和牌照并建立关闭保证金机制（有关关闭保证金的内容见第六章）。

矿的设计和施工通常需要 5 年至 10 年，具体时间取决于矿所在的地点、规模以及开发过程的难易程度，包括基础设施需求。在矿的开发阶段的最后，要完成项目的最终评估并作出是否进行生产的决定。如果决定是肯定的，将对矿及其基础设施进行建设，通常这包括：

- 两到三年时间用于研究和测试（可行性及相关环境研究见表4.2）。
- 一到三年时间用于获得许可。
- 两到四年时间用于矿和基础设施的建设。

根据矿的类型和规模、所在地点以及所需的基础设施，矿的开发成本可能从大约5000万美元到150亿美元不等。

矿的运营是采矿周期的第三阶段。矿的运营寿命最短可以只有几年，但在大型运营项目中它可以长达几十年——50—100年甚至更长。一个运营中的矿主要有四个方面的工作：采掘、加工、废物存储以及支持服务。有些矿的运营并不包括现场的加工设施，矿石被送往别的地方进行加工。

表4.2　　可行性研究：概述

地质和资源测定	沉积层或者说资源有多大规模？ 沉积层中的矿产或金属是什么品位？
矿的规划	要开采什么？（哪种金属？占沉积层的多少？） 如何开采它？（露天矿/地表的还是地下的？） 用什么设备来开采它？
加工厂试车和加工厂设计	开采矿产或金属的最佳方法是什么？（例如，从围岩中开采？） 哪种矿产或金属可以回收？所选方法的估计回收程度是多少？ 会有冶炼厂或精炼厂吗？
基础设施规划	需要什么样的公路、简易机场、营地和综合设施？
水和废物管理规划	供水需求如何？ 排放的质量要求是什么？ 废物如何能安全地得到处理？
环境和社会经济规划	环境和社会经济研究提出了哪些让人担心的主要问题？ 规划如何解决这些问题？
矿的关闭和恢复计划	进行回收和恢复的最佳方式是什么？
运营成本估计	需要多少工人？ 运营期间需要哪些类型的设备和供应？需要多少？ 年度运营成本是多少？
资本成本	规划、设计、许可和建设各种设施的费用是多少
财务分析	矿业公司潜在的财务回报是多少？ 借款建设和运营矿的成本是多少？ 年度成本和年度收益是多少？ 预期利润或亏损是多少？

资料来源：根据Natural Resources Canada(2013)改编。复制得到了加拿大自然资源部的许可，2015年。

影响矿的运营寿命的因素包括：

- 世界市场的矿产价格。
- 生产成本和生产率。
- 开采出的矿石的质量（品位）。
- 矿床的规模和形状以及地表下的深度。
- 开采方法和设备以及相关成本。
- 与地面条件相关的安全问题。

在矿的运营期间，成本最高的通常是劳动力，包括培训费用。燃料、电力和其他消耗品（重型设备、钻头、备件、炸药、化学试剂等等）也是重要支出。

采矿周期的第四阶段——矿的关闭被定义为运营中的矿有序、安全和环保地转入关闭状态。关闭矿的目的是让受到采矿活动影响的区域作为能独立生存并自我维持的生态系统，与健康的环境和人类活动相容（加拿大政府，2006）。矿的关闭还会有重要的社会影响，这与地方社区的就业和收入损失相关。

针对矿的关闭的规划在采矿项目的规划阶段就开始了。在多数国家，政府必须在矿的开发之前批准初始的恢复计划。参与的公司必须拿出一笔关闭保证金（存款、债券），以确保即使在该公司将要破产或者背弃责任的情况下，也还能有用于恢复的资金。关闭保证金确保了政府在矿的关闭未完成的情况下不需要承担（相关）责任。

矿的关闭和恢复计划详细说明了矿业公司如何关闭矿区，并尽可能使它恢复开采前的状态。计划列出了对矿的各个组成部分应该做些什么。矿的关闭所需的时间取决于作业的规模和复杂程度以及矿所造成的环境影响。通常，需要花费2—10年来关闭一项采矿作业，但如果需要长期监控的话，那么关闭可能就需要花费几十年来完成。成本可能从100万美元到5000万美元或者更多，而关闭之后的监控和维护成本从每年10万美元到50万美元。在存在永久性环境问题的情况下，关闭之后的监控和维护可能需要无限期持续下去。第六章描述了用以确保矿业公司能适当地完成关闭和恢复阶段，从而避免给政府造成巨大的潜在负担的财务机制。

油气周期

石油和天然气业务的阶段与采矿类似：

- 勘探调查和钻探。在案头研究中要审查地质图，目的是找出主要的沉积盆地。一旦找到有前途的地质构造，确认存在碳氢化合物的唯一方法是通过打勘探井，可以是从修建的钻井平台上（陆上）打钻，也可以是从离岸钻探单元（海上）打钻。一旦发现了碳氢化合物构成，就要进行最初的试井（可能需要再花一个月时间）。与矿物不同，碳氢化合物的勘探（包括煤层气）需要进行试点（测试）生产以确认可行性。这是因为储层孔隙度以及井间连接度（生产期间）是与资源规模和质量同样重要的潜力决定因素。

- 评估。一旦勘探钻井成功，就要用与勘探钻井同样的技术，钻更多的井以确定（油/气）田的规模和范围。
- 开发和生产。一旦确定了油田的规模，就要钻生产井。大型储层要求钻各种井。定向钻井方面的进步提升了一个地点可以钻井的数量，使之达到40个或者更多。在到达地表后，碳氢化合物被导入中心生产设施，这里收集了产出的流体（石油、天然气和水），之后它们将被运往其他地方进行进一步加工。尽管各个油田之间有很大不同，但一个油田平常的商业寿命往往在10—30年之间。
- 退役和恢复。与采矿一样，退役程序应该在项目的最初规划阶段就予以考虑。开采区域应该恢复到符合环境要求的状况。石油开采给当地造成的环境影响要比采矿小得多；就陆上的生产而言，基本上只有混凝土的生产平台以及相邻的基础设施、需要回填的井以及管道设施。因此相比矿物，碳氢化合物开采区域的退役成本要低得多。多数情况下不会成功的勘探井通常在一到三个月的活动后就会退役。

第五章

采掘业政策

政策及监管框架

有关石油行业管理的精彩概述，参见 Tordo，Johnston 和 Johnston（2010）的《石油勘探与生产权》。有关私营部门对矿业在社会和经济发展中的作用的看法，读者可以参见 Kapstein 和 Kim（2011）的《纽蒙特加纳黄金有限公司的社会——经济影响力》，还可以参见国际矿业与金属理事会（2013）的《了解矿业带来的发展成果的方法》。

要最大限度地为经济发展和增长做贡献，采掘行业需要稳定且能够预测的公共政策框架。在选择哪种战略和政策实现自己对采掘行业提出的目标方面，各国是有所不同的。决定因素包括当前国家的行政管理结构、地质情况、沿革以及涉及的投资的数量或类型。在任何情况下，无论外界环境如何都有一系列职能需要履行。要吸引投资，地质数据必须是现成的（以便提供有关潜在沉积层的规模与质量的指标），同时需要形成有利的投资环境。同样重要的是，法律和地籍制度必须落实到位以便对勘探和开采权进行管理。从项目开发的初期阶段开始就需要将环境和社会安全保障措施囊括进来。必须建立稳定透明的法律框架、规章制度以及许可证制度，而且要针对收入征收建立适当的管理框架。本章提供了有关采掘业政策体制的主要组成部分的概述。[1]

矿业政策为采矿行业的目标确定了框架，这些目标通过政府、民间团体（包括可能受到影响的社区）以及私营部门参与的民主协商过程界定（专栏 5.1），组成部分包括：（i）明确政府用以创造竞争性商业环境的机制；（ii）制定吸引私营部门参与的各种规定；（iii）在直接征税（通过税费、使用费和地皮费）和对第二、第三级支持性产业以及下游加工的间接征税之间找到平衡；（iv）引入收入透明动议；（v）确保对重要的基本商品采用特许权、矿产租赁以及其他可让渡矿权（Stanley 和 Eftimie，2005）。

国际经验表明有必要明确区分政策、法规和商业活动（表5.1）。按照这种安排，政府的部负责指导政策事宜，监管机构负责提供监督和专业知识，国家资源公司（如果有的话）从事商业运作。这种权力分割形成了一种相互制约平衡的体系，确保了更大的系统完整性并避免了商业、政策和监管职能并入很少几个机构的情况下会发生的利益冲突。如果不能将监管职能从国家资源公司分离出去，另一个可以选择的方案是出于运营和会计方面的考虑对这些职能加以限制并向国家预算和国民经济核算账户进行直接报告。在外部机构建立起必要的能力和可信度之前，这提供了一个暂时的解决办法。

要将与采掘业政策相关的制度和监管框架落到实处，包括对相关人员进行适当和充分的培训，是需要财政资源的。石油和矿业政策制定者需要认识到，对采矿、石油及天然气相关的活动进行落实和监管不仅会给行业主管部和财政部，还会给其他部和机构（如第三章所述）增加额外的责

专栏5.1　矿业政策

准备充分的矿业政策应该旨在实现下列目标：

- 为当前和后代利用资源确立指导原则。
- 为当地和国际资本投资于矿产勘探、开发和生产创造有利的环境。
- 通过（i）避免、减轻当地受到的影响或者对其进行补偿；（ii）为有效的社区协商提供便利；（iii）强制执行有效的社区发展计划；（iv）利用可持续性指标跟踪和报告取得的成果，鼓励政府、公司和社区携手致力于确保项目以从环境和社会方面而言可持续的方式进行。
- 确保当地的经济效益、收入共享以及收入管理的透明。
- 通过地质数据收集和资源评估帮助作出有依据的决定。
- 对手工和小规模采矿进行监管并为相关活动提供适当的制度和技术支持。
- 在土著人口保护和受影响社区的重新安置等环境和社会保护方面采用国际公认的标准。

资料来源：改编自 Stanley 和 Eftimie（2005）的报告。

表 5.1 采掘业各关键职能的划分

政策	
财政部(财政)	行业主管部门 (资源管理)
监管	
财政部 (税务局)	行业主管部门
商业 自然资源公司	

资料来源:Calder,2010。2010 版权所有,Routledge/国际货币基金组织;复制得到了英国 Taylor & Francis Books 的准许。

任。财政部(或者与其同等的部门)在这种情况下就不得不评估用额外资源来履行这些责任并在认为适当的情况下提供资金的必要性。表 5.2 总结了采掘业计划的必要组成部分。

表 5.2 采掘业行业计划的组成部分

行业的融资、所有权和债务	决定国家参股(如果参股的话)采掘业活动的类型;可选择的方案包括:(i)实缴资本参股;(ii)分担权益参股;(iii)无偿股权参股。包括解决:(i)股本资金类型;(ii)不同股东的决策权;(iii)改变所有权的条件;(iv)退役/关闭时股东的责任和义务等问题的股东协议。
法律、监管以及许可的框架	为该行业制定框架,包括矿产的所有权以及矿权的让渡;国家的职能;对矿权法的遵守;行业的组织结构;项目批准的条款、条件和程序。
地质数据信息系统	通过建立和维护对公众开放的用户友好型地质数据库,让地质数据能够为潜在的投资者及政府获得;进行新的地质调查并进行地质科学实验室建设,以便对已勘探的地域进行可靠的分析。
矿权地籍	确保矿权授予的透明度,保证土地占有权的安全,促进对竞争性土地使用的管理。将开采权以及它们的沿革和特定属性收集到公共数据库里,一般公众可以通过互联网免费获得。
矿业税制度	决定税收手段的构成和程度,包含的选项有:企业利润税、(土地)使用费、各种累进税工具、成本回收条款以及限制措施。
税收管理	形成能管理与采掘业相关的复杂税务的能力。包括建设专业人员能力或获得外部专家的支持,建立适当的组织结构(比如大型的纳税人办事机构)、程序以及信息技术(IT)基础设施。
合同管理能力和透明度	通过定期发布全面的资源牌照、合同和收入信息,提供内部(政府)监督和外部(社会)问责。将对透明度的考量纳入合同和收入管理程序。

续表

环境目标和潜在责任，矿的恢复	通过强制执行环境法规，避免或减少对政府而言可能成本很高的环境责任，包括精心设计并认真落实环境影响评估、环境管理计划及关闭/退役计划。
社会目标及潜在责任，健康和安全	确保在地方社区中间展开利益相关方咨询，并为社区发展协议以及社区基金会、信托和基金提供法律基础和激励措施。为社区在矿退役后的经济和社会生存能力做好准备。
采掘业商业环境/竞争力	降低资源公司经营的风险和成本，包括通过保护产权、可预测的监管以及减轻管理负担(通过减少繁琐程序)。
资源收入的公共投资	确保以可持续的方式将地下资源收入投资于人力资本、基础设施以及一般性地用于提高不以资源为基础的生产力。

资料来源：由作者汇编。

行业融资、所有权和负债

这个部分总结和压缩了取自 Cameron 和 Stanley（2012）撰写的《采掘业原始资料》第六章和第七章中的资料。还可以参见世界银行（2011a）的报告《全球矿业中的国家所有权综述》。

在许多国家，法律允许国家通过在采掘企业中持有少数股权进行直接参股。股权可以以政府的名义直接持有，也可以由为了在私营公司中持股而建立的政府（投资）工具持有。尽管直到 20 世纪六七十年代，国家参股在采矿和石油行业中都很常见，但目前在石油行业中国家参股要常见的多。在采掘业中可以见到的国家参股有几种类型：（i）实缴资本参股，（ii）分担权益参股，（iii）无偿股权参股（见专栏 5.2）。此外，产量分成在石油行业也很普遍（在题为“采掘业的税费和权利金制度”的部分会有讨论，有关产量分成见图 5.3）。

少数股权参股为作为股东的政府提供了有关项目及私营合作公司的信息，否则这些信息未必会对政府开放。尽管参股可能是受到非财政目标的推动，但参股通常都会带有通过分享股息获得利润的预期。

Cameron 和 Stanley（2012，7.1 节）认为，相比一个高效、灵活且管理完善的税收体制所能达到的效果，少数股权参股几乎不会让政府收入有所增加，却可能带来相当大的风险。从收入的角度来说，股息（及诸如不对股息征税这样的相关收入）无法预测，并且由于初始投资的巨大和商品价格的波动可能需要好多年才会产生收入。就风险而言，作为少数股东，在所有重大决定由多数股东作出的情况下，政府的决定权可能有限。例

专栏 5.2 国家参股的方式

实缴资本参股。在这种方式中，政府为股权支付现金（或者通过提供牌照或其他资产参股），这赋予它与其他股东同样的地位。政府投资决策常常是作为总体预算过程的一部分作出的，而且理想的情况下会以潜在利润为根据（但在国有企业有部分股票上市或者独立作出资本配置决定的情况下不会是这种情形）。

分担权益参股。这种类型的参股可能会采取几种形式，其中最常见的是所谓部分分担，根据这种方式，私人投资者“分担”或支付国有合作伙伴（国家资源公司，NRC）在项目早期各阶段——勘探、评估和（可能还包括）开发阶段——应出的资本。在某些预先界定的里程碑目标实现后，政府（即 NRC）再根据私人投资者的出资按一定比例缴纳资本，就如同在实缴资本参股的模式下一样。对政府而言，这种参股方式的优势是它不用预先支出现金。而对（采掘）公司而言，分担权益稀释了它的股权基数，因为它必须筹集政府参股所需的资金。因此，分担权益本质上就是股东代表政府进行权益出资。“完全分担”发生在所有费用都由私人投资者直接承担，而补偿则由国家支付的情况下。

无偿股权参股。在某些情况下，政府坚持要求无偿持有新的采掘项目的少数股权。无偿股权等同于对项目征税（即当项目产生股息时，它实际上相当于不对股息征税），但与征税不一样的是，它还给予了政府许多股东需要承担的义务和风险。据报告，无偿股权的强制性要求在政府和（采掘）公司之间造成了怨恨和不信任。

资料来源：基于 Cameron 和 Stanley（2012）的报告。

如，如果公司决定向股东募集额外股本，政府就可能面临在不得不购买更多股权或者眼见自己的那部分所有权被稀释之间作出选择的情况。如果公司亏损，政府可能被要求提供额外的资金以维持公司的运营，同时作为股东，政府还可能面临与关闭/退役相关的或有债务风险。最后，如果政府的监管职能与其所有权职能没有充分分割，就可能发生利益冲突。

有关政府作为采掘业项目少数股东的职责的决定应该以股东协议为根据。这些决定应该解决（i）出资方式，（ii）股息公告规则，（iii）不同股东的决策权，（iv）可以改变所有权的条件，（v）批准与实物相关的关联方交易的实物性门槛，（vi）退役/关闭时股东的责任和义务。出资决定应该同时考虑到初始资本支出以及随后的资金需求，现金流短缺或者为维持资本支出或扩大生产提供资金造成了这种需求。各类股东的决策权范围包括股息、预算审批、高层管理人员任命和薪酬、投资方案以及新资本的筹集（包括举债）。

矿业相关的法律、规章和合同制度

感兴趣的读者可以参见世界银行的《采掘业合同监督路线图》；Smith和Rosenblum（2011）撰写的《法规的执行》以及Rosenblum和Maples（2009）撰写的《合同保密：终结采掘业的秘密交易》。www. resourcecontracts. org网站包含可搜索的石油和矿业合同数据库以及可下载的关于如何理解石油和矿业合同的指南。在撰写本报告的时候，非洲矿业立法地图集（African Mining Legislation Atlas，www. amla. org）已经开发完成。有关石油合同的解释说明，请参见Open Oil的《石油合同：如何审阅和理解它们》。有关矿业规定的商业性数据库也可以找到。

矿业和石油立法为采掘业的发展确立了框架，符合宪法规定的前提条件和国家的长远目标（专栏5.3）。根据矿业政策，矿业和石油相关法律界定了参与石油、天然气和矿业项目开发的各个方面的权利、特权和义务。有关矿业的规定是各项法律条款在实际工作中的应用，对行业管理中采用的程序和流程做了描述。在矿业政策层面之下，有一个贯彻落实的链条，矿业法和矿业规定在逐步落实为矿业合同和牌照的过程中也变得越来越详细和具体。

专栏5.3 矿业法

制定的十分完善的矿业法可以实现下列目标：

- 确立矿产的所有权和转让采矿权。
- 界定国家的职能。
- 界定采掘业管理的特点，包括矿权地籍、调查处和授权。
- 保证对矿权法的遵守，包括使用费、地皮费和其他财务义务。
- 界定矿产拥有者之间的关系。
- 为健康和安全法规、环境保护以及减轻社会影响的措施建立基础。
- 确保对投资的保护，并确保有争议解决机制和过渡性条款。

资料来源：Stanley和Eftimie，2005。

矿业法是通过矿业规定落实的。矿业规定界定了获得、转让、扩大、撤销或变更采矿权的程序；行业主管部的管理结构；每个部门在应用法律方面的职责（Stanley 和 Eftimie，2005）。矿业规定具体规定了项目批准（发放许可证）、进行有关环境和社会影响的决策以及监测指标和报告成果的条款和条件。尽管矿业法规定了采掘业的财政制度，但界定这个制度的确切计算方式、支付及其他程序的，还有针对环境和社会影响评估与管理计划作出要求的却是矿业规定（专栏5.4）。

资源丰富的国家需要将许可环节、公开出售（招标/拍卖）以及竞争性和透明的招标文件正确地落到实处。勘探和开采权通常由政府通过特许、租约、牌照和协议的方式授予（专栏5.5）。高效且卓有成效的授予程序往往基于下列原则：

- 明确的法律和规章框架。
- 清晰界定的机构责任。
- 透明且不能任意决定的程序。

根据资源类型、勘探风险和（潜在的）投资者兴趣，石油、天然气和矿产勘探和开采权的授予应遵守三种主要流程中的一种（见表5.3）。高效且卓有成效的采矿权分配政策的原则有：（i）透明、竞争性和不能任意支配的勘探/开采权授予程序；（ii）对服务于开发和生产的辅助性基础设施的考虑；（iii）明确的法律、规章和许可框架的存在；（iv）清晰界定的机构责任；（v）规定明确的社会环境安全保障措施。由于地质原因，煤和其他能明确预见到地质连贯性的资源往往资源风险水平较低。

专栏5.4　矿业规定

制定的十分完善的矿业规定可以实现下列目标：

- 界定行业的组织结构。
- 为项目批准（包括环境和社会评估）以及环境和社会管理计划的制定确立条款、条件和程序。
- 界定提交报告和表格的程序。
- 确立年度生产评估的程序。
- 提供有关地皮费以及提交申请和转让开采权的费用的信息。
- 制定年度报告标准。

资料来源：Stanley 和 Eftimie，2005。

表 5.3 采矿权授予的类型和特点

授予方式	特点	勘探	开采
直接谈判	透明度最低的流程	政府直接给予投资者勘探权，以换取产生的信息。	政府与公司就对已知资源的权利进行谈判，以换取其他（基础设施）投资。
公开获得采矿权	采矿权转让在先到先得的基础上进行	勘探权的授予以标准地籍单位为基础，以确保它们不会与限制区域或其他专有采矿权冲突。	勘探权拥有者的占有权是有保障的，并且以完全遵守规章为条件被授予将勘探权转为开采权的权利。
竞争性资源招标	通过竞争性招标转让采矿权	对那些(i)地质信息已经成为公开的知识，并且(ii)不止一个投资者可能会感兴趣的矿产商品的勘探。	鉴于勘探权的竞争性，向开采权的转换要以完全遵守规章为条件。

资料来源：Stanley 和 Mikhaylova，2011。

在针对石油、天然气和矿产的勘探与开采权进行招标和批准授予的时候，许多发展中国家发现，与跨国资源公司相比自己在信息方面处于劣势。尽管资源公司能得到地质学、矿物学、法律、金融以及其他相关学科的高素质国际专家，发展中国家通常却缺乏这种能力。这种不平衡使得政府在进行勘探和开采合同与牌照谈判时处于不利地位。建设管理采掘业合同谈判的能力十分重要。进行必要的政策、财政、法律和规章改革并建立框架能减少在以后的阶段进行补救或重新谈判合同这种在政治上有难度的情况出现的风险。世界银行采掘业技术咨询部门（EI – TAF）能为各国在谈判石油、天然气和采矿合同方面提供援助。

专栏 5.5 采矿合同和许可证

采矿合同和许可证最常见的目的如下：

- 确定对勘探和开发的工作承诺。
- 界定针对项目且符合：（i）矿产开发租约和其他权利约定，（ii）有关基础设施的规定，（iii）项目融资，（iv）货币和汇率控制需要的经济和财务条款。
- 确立环境和社会管理的具体指标参数及程序。
- 为地方经济发展做贡献。
- 保证终止和解决争端的准备金。

资料来源：Stanley 和 Eftimie，2005。

建立和维护地质数据信息库

这个部分压缩了出自 BGS International（2012）的《地质数据服务发展，一种实用的方式》中的资料，感兴趣的读者可以参见文件原稿。

地质数据的有效获得、管理和传播对于推动采矿、石油和天然气领域的投资十分重要。此外，对国家的地质潜力有充分了解的政府可以利用这一信息基础更好地管理国家的地下资源。地质数据的收集、存储和开放带来的高回报与以下几点有关：

- 吸引投资者，他们能用可靠的地质科学数据集指导决策并减少风险。
- 提高政府谈判合同的能力。
- 促进更多的石油、天然气和矿产发现。
- 建设资源走廊，以便对矿区开发和基础设施建设进行区域协调。

核心产物如下：

- 现有地质信息的用户友好型数据库，其中的文件均已编目和扫描。
- 对矿物和碳氢化合物带的新地质调查，以找出有可能进行勘探的区域。
- 现代化的地质科学实验室，可以对已勘探的地片进行可靠的分析。
- 制定和维护政策，以保持和增加人员能力。

获取和处理地质数据信息的成本通常由公共和私营部门共担（图 5.1）。总体而言，政府往往提供综合层面的信息（宏观层面的数据、区域性地质制图）以初步吸引投资者和感兴趣的公司。然后公司会自己付费进行更详细的调查。随着目标勘探区域的缩小，费用往往会随详细程度的加大而增加。地质数据获取与处理的责任转到私营部门的时间点随国家和商品的不同而不同。

考虑建立地质数据覆盖的成本时，比较方便的是将建立必需的制度基础的成本与进行具体调查的成本分开。在资源丰富的发展中国家，捐赠者支持的地质项目常常解决的是基本的基础设施和地方能力（比如车辆、实验室、电脑和培训）的建设问题，然而，在几个案例中，维持用捐赠者援助建立地质调查机构已经证明是充满挑战的。通过在国家地质调查所接受培训提升了自己在就业市场上的价值的员工常常会为了私营部门待遇更好的职位而离开，而捐赠的设备陷入失修状态。由于数据库不再得到适当的维护，甚至原先已经获得的地质数据信息也可能不再公开可见，而且还存在数据丢失的风险。

公开的地质数据的经济效益可能是成本的数十倍至数千倍不等（Reedman

图 5.1　私营与公共部门间分担地理数据的费用

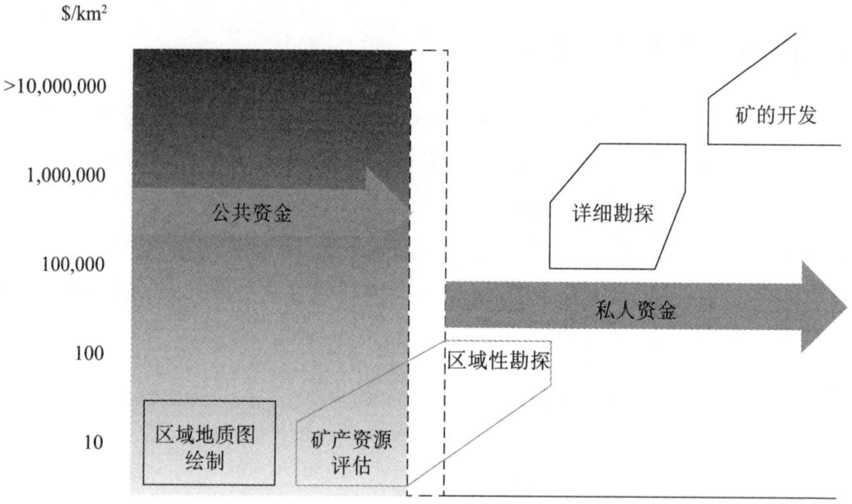

资料来源：世界银行石油、天然气和矿业政策部门。

注：km^2 = 平方公里。

等，2008），因此，有充分的理由为地质调查机构提供适当的资金，但是当这一点因为某些理由不可行的时候，营利性或得到资助的（机构）、基于私人的选择方案，或者公共—私营部门合作（PPP）也许都不失为一种解决方案。在任何情况下，都需要形成一种商业模式，能覆盖维护和传播数据的长期成本。

矿权地籍

这个部分压缩了出自 Ortega Girones、Pugachevsky 和 Walser（2009）的《矿权地籍》中的资料，感兴趣的读者可以参见文件原稿。

建立公共登记机构以及应用作为矿权地籍一部分的不可任意支配、始终如一的程序至关重要。这些组成部分确保了矿权授予的透明度，保证了占有权的安全性，并促进了对竞争性土地使用（例如矿业利益与保护区竞争这样的情况）的管理。从根本上说，矿权地籍管理的是一国的矿业权。在由有能力的公共矿业机构建立和补充完成后，地籍将整合矿权管理的监管、制定和技术等方面并将成为国家矿产资源管理的基石。矿权地籍将履行下列职能：

- 处理各类矿业牌照的申请（探查、勘探和矿的开发）。
- 权利被授予或者所有权变更后随时登记这些矿权的变更和更新。

- 检查牌照申请，发现与之前拥有的权利可能存在的重叠或其他障碍。
- 就牌照申请在技术上是否可以接受向授予牌照的权力机构提供建议。
- 确保对支付费用的要求及其他要求的遵守，以保持矿权的有效性。
- 当矿权应被取消时向授予牌照的权力机构提供建议。

在多数相关国家，下列核心原则已被纳入管理矿业运营的法律中：

- 矿产资源属于国家。
- 勘探和开采矿产资源的权利可以通过书面文件暂时转让给个人或公司实体，这种书面文件通常被称为牌照或租约。
- 通过这样的牌照授予的矿权被视为不动产，但不受地皮或土地所有权约束。
- 被授予的牌照或租约的持有人必须满足预先设定的条件才能保持他们对该区域的权利。
- 当被授予的牌照或租约的有效性终止的时候，权利归还国家。

要使矿权地籍适当地发挥作用，还有几个基本法则或者说矿权地籍原则需要谨守：

- *占有权的安全性*。这指的是权利的安全性、向任何合格第三方转让该权利的权利以及抵押该权利以筹集资金的权利。它还指的是勘探牌照向采矿牌照的转换。在多数国家，矿权被分割为勘探和采矿（或开采）牌照。勘探牌照给予持有人勘探和评估授予区域内矿产资源的经济可行性的权利。如果有经济价值的资源得到确认，勘探牌照必须转换为采矿牌照以便持有人对其进行开采，条件是牌照持有人得到了所有其他必要的批准并表明遵守了现有牌照的条款和条件。
  - *权利的安全性*。牌照和矿权不能被中止或撤回，除非因特定理由，而理由必须是客观的而且是不能任意决定的，同时必须在法律框架中得到明确规定和详细说明。
  - *"先到先得"*。勘探牌照是在先到先得的基础上授予的，这意味着首先对某个可能存在矿产资源的区域的权利提出申请的个人或公司将有被授予牌照或租约的优先权。
  - *拍卖*。许多国家在他们的矿业法中包含了在资源或储量已被评估或推断为在可接受的盈利能力范围内的情况下拍卖可供开采的区域的规定。

对地籍功能进行高效管理需要建立电子数据库。这些数据库能列出勘探和矿业开发的地点，包括所有相关的技术信息，并且和地理坐标联系起来。所有的采矿权、它们的沿革以及特定属性都应该编入现代化的矿权地籍中并通过互联网无偿向一般公众开放。

采掘业的税费和权利金制度

这个部分取材于 Cameron 和 Stanley（2012）所著《采掘业原始资料》中的第六和第七章以及其他来源。对采掘业税收的深度讨论，读者可以参见 Daniel、Keen 和 McPherson（2010）所著的《石油和矿产税收》。对地方的收入分成感兴趣的读者可以参见 Anderson（2012）的《联邦体制中的石油和天然气》以及 Oil and Gas in Federal Systems; and McLure（2003）、Ahmad 和 Mottu（2003）以及 Brosio（2003）的研究报告。

采掘业财政制度由所有行业中常见的财政工具以及采掘业特有的财政工具构成。第一类中包括利润税、就业税、关税、增值税（VAT）以及股息税或利息预扣税。采掘业特有的财政工具包括矿区使用费、石油产量分成协议（PSA）、行业特有的企业所得税、“暴利”税或资源租金税以及采掘业特有的成本回收规定。这些财政工具的目标是使政府能够占有采掘所产生租金的很大一部分，这个部分也被称为来自采掘业的“政府进项”。报告的这一部分只对相关财政工具做简要的概述。

采掘业的财政工具可以根据：（i）它们使经济活动发生扭曲的程度；（ii）它们管理/技术能力要求的容易程度；（iii）它们使收入流延迟出现的程度进行评估和比较。利润税、使用费、资源租金税和产量分成可以用上述三种参数进行比较。

利润税，比如企业所得税，通常在征收的时候对采掘业会采取单独的、更高的税率。从税前盈利的项目税后仍然是盈利的这个意义上说，它们在短期内不会造成扭曲（就长期而言，所有的税都会造成扭曲，因为它们会影响资本回报率，而在采掘业中资本回报率对于最佳规模经济效应和进行开采的边界品位具有重要意义）。换而言之，利润税是中性的（在短期内）；税收是与公司的利润成比例的。就对能力的要求而言，利润税要求具备的管理能力水平往往超过许多发展中国家的税务管理机构在没有外部援助的情况下所能达到的水平。利润税的管理需要有经验的、合格的审计人员，他们能评估公司的财务报告，还能解决诸如滥用转移定价、资本弱化或费用扣除方面的诚信等问题。由于采掘行业普遍存在初始资本投资很大的情况——常常与成本回收条款结合在一起以鼓励投资者进行勘探和开发——对利润税的独占使用会将财政收入推迟好几年，有时甚至会推迟10 年或更久。在一些投资者的本国，比如美国和英国，在项目所在国缴纳的利润税有资格享受外国税收抵免（而使用费不行），因此被这些国家的公司视为是具有吸引力的。

*使用费*可以从量（向特定单位的产量征收的统一、固定的费用）或从价（对产出的价值，即毛收入，征收的固定费用）征收。使用费会造成扭曲（在短期和长期内），这是从它们会对税前能盈利的生产决策产生影响。使用费的递减本质（即有效税率随着业务盈利能力的增加而减少）在资源繁荣期内会导致合同的重新谈判，因为政府感到有权得到暴利的一部分。同样的递减性还会在商品价格暴跌的时候导致原本能够盈利的项目提前被放弃，因为在使用费相对于利润而言有所增加的情况下运营收入会变成负的。本质上，像挪威和英国的油田那样的高成本油田，使用费已经逐步被取消了（Nakhle，2010）。从会计的角度来说，使用费管理起来相对简单，但需要大规模的、高度专业化的能力进行实物审计，包括矿物学方面的专业技能来确定矿石的品级、体量和价值（见图 5.2）。在许多政府看来，使用费的一个主要优势是它们从生产一开始就能带来收入。

累进税工具或资源租金（“暴利”、“租金”、“额外利润”）税，从本质上给使用费（递减的）占主导地位的财政制度增加了递增性。在数量有限的案例中，通过将税率与利润挂钩，国家也曾试图给原本中性的企业所得税增加递增性。资源租金税的征收对象是超出调配资本所需的最低（经风险调整后）回报或某些设定的回报率门槛的那部分投资回报（Land，2010）。资源租金税的征收有时是迫于商品价格大涨时期公众要求增加最初以递减的使用费为基础的政府收入的压力。其他工具也曾被用来获取暴利带来的收入，比如浮动产量分成和经价格调整后的浮动使用费。累进税工具在原则上是中性的，因为它们旨在获取超额利润中的一部分。然而，中性要求为利润找一个很好的代替物（以触发额外支付），这一点并非总是能够做到。例如，用产量做代替物就忽视了价格和成本，而用价格做代替物就忽视了产量和成本。最准确的机制会包括对公司实际实现利润的考

图 5.2　基于量、基于价值和基于利润的税收

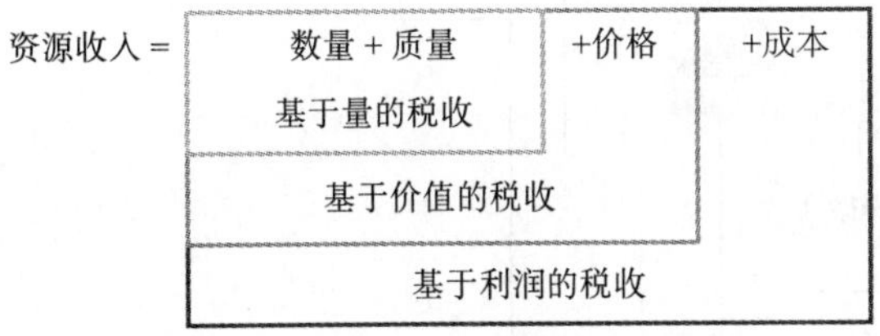

资料来源：作者整理。

虑，不过，这意味着回到了管理对利润征税的复杂局面，而这可能是使用费而不是利润税往往首先受到青睐的一个重要原因。

在石油领域，产量分成是政府参与的一种常见的形式（图 5.3）。产量分成使国家能够在私营石油公司回收成本后通过对产量的所有权获得股权收益，就其属性而言，产量分成与利润税的类似之处在于它是中性的，而且要求在国家开始产生收入之前全面回收成本。

红利是与许可的授予或签署，或者产量达到了某个特定水平等特定事件相联的一次性支付。许可签署红利是一种早期的收入来源，几乎不需要管理，而且在其他重要收入还要等许多年（例如有一个很长的矿的建设期的情况）的情况下尤其受到欢迎。许可签署红利可能高达数亿美元，一旦支付后，它们对投资或生产决策就不会产生影响，从这个意义上来说，它们是中性的。对许可签署红利的保留意见主要与技术和政治两方面的风险有关。在公司这一边，对于红利支付后政府是否会履行财政条款的承诺。在政府这一边，问题则在于从中长期内的税收和使用费收入角度看提前得到收入（以红利为代表）的代价。就这一点而言，需要将许可签署红利放在采掘业总体财政制度以及预期的未来收入流的净现值（NPV）背景下来考虑。在某些情况下，公司更喜欢以里程碑式目标的达成为契机分几批

图 5.3　产量分成协议

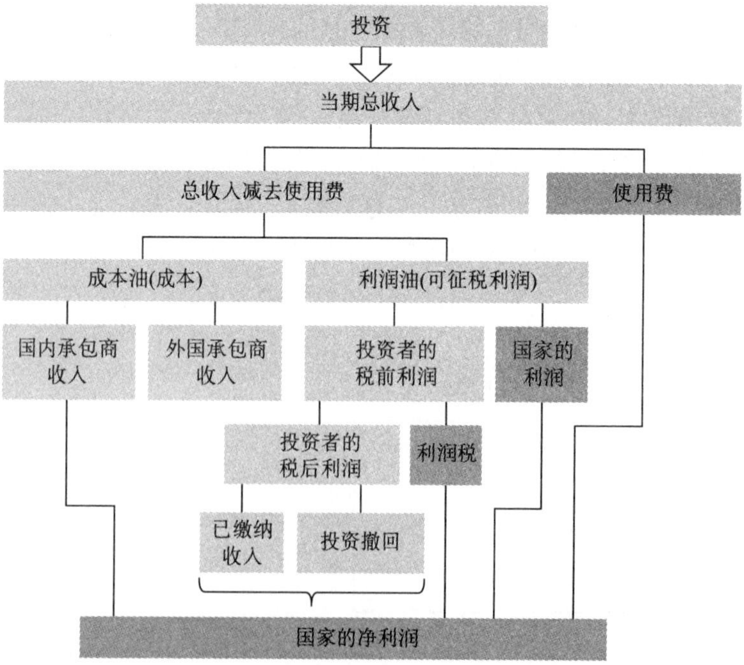

资料来源：改编自俄罗斯央行（2011）。

支付红利，这样就能从技术和许可两个角度化解投资风险。

其他与采掘业相关的财政工具有资本利得税、预提税、进口关税、VAT 以及免税期：

- 资本利得税适用于许可、特许权或任何资产转手的情况，例如，由愿意承担风险的“资历较浅”的公司在取得重大发现的情况下（将许可等）出售给更有资历的公司。虽然可以认为为了鼓励勘探，不应对这类出售征税，而且取得发现的公司应该留下所有的回报，但近年来这类溢价的规模之大已导致出现了认为这些租金中的一部分应该给政府的论点。
- 对股东的股息或借款人的利息征收的预提税使得政府能够对这类（资金）流动征税，否则一旦转移到国外对它们征税将很困难。
- 在项目开发阶段对资本投入往往是免征进口税的，因为通过迫使公司增加（可减免课税的）费用，这些关税实质上减少了税收收入。然而，资本投入在生产阶段是不免税的。
- 增值税（VAT）是根据商品和服务的价值按比例征收的，其中为投入支付的 VAT 被计入为国内产出支付的 VAT。由于采掘行业的产出大部分都被出口，资源公司很少或者没有可以将投入 VAT 计入其中的国内产出 VAT。[1]通过对预定为采掘业项目进行的国内采购按零税率计入 VAT，一些政府解决了这个问题，对出口行业来说这是普遍的做法。在考虑采掘行业的 VAT 税制时，需要避免对国内生产商产生歧视，因为进口是免关税的而本地的投入却是要征税的。
- 一度很常见的免税期大部分已不再继续使用，取而代之的是扭曲作用较小的激励措施，比如加速折旧率。人们已经发现免税期会大大减少税收收入，因为它会促使投资者在免税期结束前尽可能多地加速开采高利润的矿石。

对于高效的财政制度而言，清晰恰当地界定成本回收规定至关重要。成本回收规定——特别是在石油和天然气或者任何采用产量分成协议（PSA）的领域的成本回收规定，以它们在政府财政设计过程中受到的关注来看经常被低估（Cameron 和 Stanley 2012，第 7.2 节）。另一方面，投资者却充分认识到它们的重要性。成本回收规定包括有关可回收成本、折旧率、PSA 的成本油限制、投资和勘探支出上调、资本减免以及亏损结转限制等。经常被争论的一些问题是对于：（i）海外总部的成本（通常仅占项目成本的一定比例）；（ii）利息成本（取决于对负债权益比率的限制，照此支付的利息取决于预提税以及在贷款是给予相关方的情况下市场基准的应用）；（iii）与向关联方进行的采购相关的成本（通过应用经合组织关于转移定价的规定或者要求展示第三方定价来解决。Cameron 和 Stanley，2012：7.2；（iv）资产隔离成本的回收。

资产隔离对同一个纳税人进行的各种不同活动或项目的成本回收设置了限制，以便将与特定许可、矿或油田有关的成本从该许可、矿或油田内产生的收入中扣除。一些国家以对它们的采矿、石油和天然气活动进行资产隔离是以公司实体为单位的，而另一些国家则对单个项目进行资产隔离。没有资产隔离，如果进行一系列项目的公司能够从已产生需纳税收入的项目之收入中扣除新项目产生的勘探和开发成本，那就可能推迟资源税的获得。没有资产隔离，可能对新入行的公司造成歧视，因为它们没有收入可以用来扣除勘探或开发支出（Nakhle，2010）。正如 Mullins（2010）指出的，资产隔离也意味着不利的一面。在某些地方，如果勘探支出无法从产生利润的现有项目的收入中扣除，它可能会削弱公司进一步进行勘探的动力。资产隔离还有可能鼓励缴税筹划行为，公司将能够被较少征税的下游生产放在资产隔离范围之外（包括放在别的地方），或者利用转移定价将资产隔离范围外的成本转到其范围之内。最后，如果有一部分税项受到资产隔离而其他税项没有，那么资产隔离可能会变得非常复杂。因此，选择资产隔离作为一种财政工具就需要政府建立必要的管理能力以处理这类问题。

提高竞争力和生产力

石油、天然气和矿业公司根据可感知的风险作出投资决定，包括与商业环境相关的风险、政治风险和储备的规模与质量。风险越高，未来的潜在利润就必需越高才能证明新项目投资的合理性。同样地，风险越高，公司愿意向政府开出的条件就越少优惠。高商业成本，包括复杂或繁琐的法律制度，将降低公司接受高税负的意愿。相反，在地质潜力具有可比性的情况下，投资资本将流向政治稳定、政策和法规高效且可预测、税率有竞争力、基础设施高效以及劳动力技能熟练的国家。例如，在挪威开展业务的跨国石油公司一直都愿意接受石油行业一贯的78%的总体公司税，其主要原因可能是因为认为政治风险极低、商业环境良好且可预测，另外还有在当地可以得到高度专业化的劳动力。

除了世界银行的“营商环境”指标所规定的商业环境参数外，还有一些采矿行业特有的要素。矿业立法方面全球良好实践的一些得到承认的特征进一步描绘了对矿业营商环境而言必不可少的参数（Gammon，2007），它们包括：

- 明确性。能体现全球最佳实践的矿业法往往是简单明确的，其中多数细节可以在法规内部找到。明确性有助于增强投资者对执法中不会出现不好的意外情况的信心并降低风险。
- 透明度。一系列透明的法律和法规可以增强投资者的信心。将赋予国家官员的自由裁量权降到最低限度有助于提高透明度并减少耗时且成本很高的谈判。
- 完整性。所有相关条款应该集中在一部法律中，而不是散落到几部法规中。应该涵盖完整的采矿周期，包括地质调查、勘探、开发、可行性研究、生产、营销和矿的关闭和恢复。这有助于避免不同法律之间出现重复、冲突和空白。
- 执行。由技术上能够胜任的部来执行法律能激发投资者信心。资金充裕的地质调查能极大地激起投资者对地质潜力的兴趣。对矿权（其详情可以免费在互联网上获取）的先进的管理也能受到潜在投资者的极大重视。
- 保有权的安全性。采矿企业通常会面临许多前期风险并因此发生大量费用。假如一个企业遵守了授予牌照的所有要求，它必须有权在勘探、开发和生产各个阶段保有牌照。
- 商品。对矿业公司而言，国际规范是它有权勘探和生产在其拥有权利的土地上发现的某一类别（比如贵金属和贱金属）的所有矿产。
- 非歧视性。所有潜在的投资者必须有一个公平的竞技场。在就特许权进行投标时，所有潜在投资者应该有平等的中标机会。在申请勘探权时，通常盛行先到先得的原则。任何背离这些全球最佳实践的做法都可能导致一个地方很快失去投资者信心并在竞争中处于劣势。
- 权利的可让渡性。让矿产资产投入生产所需的资本数量巨大，对于这些资本进行各种资金安排常常需要新的股权投资者或借款人的进入，而拥有矿权的所有者权益是此类投资者的一个重要考量。
- “不用即作废。”对于希望确保勘探不会出现过度延迟的国家而言，应该制定一个发放勘探牌照的制度，来阻止对大块土地的累积，并迫使投资者放弃不需要的土地。这样就能够释放出地块供其他投资者获得并勘探。
- 获取权。在大多数国家，对土地表面的权利是私人所有的，但对地下矿产的权利则属于国家。要确保对矿产资产进行有序又负责任的开采以利于全体公民，矿业法应该对私有土地上的勘探作出规定。显而易见需要能保护各方权利的严格而又明确的规定。

- *公共领域的矿业数据*。为了提高投资者的兴趣，详细的矿产资产勘探数据在公共领域应该能够获得。
- *具有国际竞争力的财政制度*。采掘业财政制度的本质及其采取的税率会对石油或采矿项目的经济状况产生显著影响。财政制度的条款应该具有国际竞争力，同时又能为国家提供适当的收入，而且这种收入最好采取与商品价格周期挂钩的浮动制。
- *矿业主管部与其他部的互动*。政府其他部具有的监管职责可能会对矿业领域产生重大影响。要维持投资者对整个监管制度的信心，拥有到位的机制和程序以避免不同监管规定之间的冲突十分重要。正式采用全国性的矿业政策有助于保证法律在应用于矿业领域时不会发生冲突而是彼此互相补充。
- *批准的最后期限*。对利益相关方来说矿业项目能适时进行是非常重要的。矿业法和相关规定应该就申请、批准、表现和报告活动对监管者和投资者都设置合理的最后期限。
- *争议解决*。能够被清楚地了解的争议解决机制和申诉程序对于营造良好的监管环境来说必不可少。

注：

1 公司要对国内的矿或冶炼厂的精矿或产品进行出售时，它会被征收产出增值税（VAT）并能用投入VAT来对此进行冲抵。

第六章

合同监督和执行：法律义务和制度责任

法律和合同制度

在采掘行业运营的公司所面临的法律义务可能体现在采矿法、个人协商的合同或者具有特定的例外的范式合同中。在纯粹的许可证制度下，政府在立法中详细规定采掘公司所有的主要义务，企业根据法律定义的条款申请勘探和开采的许可证。这一框架为授予参与同样的矿物的开采的公司不同的条款几乎没有留出多少空间。在纯粹的合同制度下，单独的公司的义务是单独协商的，并在一份通常被称为矿产开发协议的合同中被详细记载。在实践中，大多数国家没有运行纯粹的许可证制度或纯粹的合同制度。发展中国家的制度往往是处在合同制度这一边。

在一份程式化的资源合同下，一家典型的矿业或石油公司面临的义务的范围包括财政制度、运营承诺、环境义务、工人安全义务和社会义务。本章描述这其中对于经济学家和公共财政专业人士来说意义最为重要的部分。表 6.1 汇总了关键的合同义务、负责监督和执行的关键政府实体、有效的执行可能需要的其他部门和机构，以及与对这些合同义务的不充分的监督和执行有关的一些预算后果。

表 6.1　重点合同义务：执行和预算的影响

合同义务的类型	合同义务的性质	对于监督和执行负有主要责任的政府实体	参与监督和执行的其他政府实体	无效的监督和执行对政府预算的潜在影响
财政制度	支付税款、特许权使用费、牌照费，以及其他形式的资源收入	财政部 征税机关	负责核实资源的数量和质量、资源价格以及生产成本的石油和天然气部或矿业部 核实出口资源数量的海关和口岸有关部门	能够影响预算执行的征税损失 融入宏观财政预测的过度乐观的资源收入预测
运营义务	提交和坚持运营工作计划以确保勘探和开采及时发生	负责石油和天然气或者矿业的部	环境管理部，如果运营计划具有环境影响的话 就业和劳工部，如果运营计划具有与就业相关的影响的话	由于缺乏对于运营工作计划的实施所带来的生产风险的理解而造成的对资源收入的不现实的中期预测
社会和社区义务	社区咨询；建设和维护地方基础设施	财政部 相关的次国家层级的政府实体	对次国家层级的政府负责的中央政府实体 计划部	不准确地评估由不确认经常发生的地方基础设施维护成本而导致的支出负债 不准确地评估可能由于在地方层面缺乏基础设施的交付而导致的或有负债
环境义务	提交环境影响评估（EMPs）以及提交和遵循环境管理计划（EMPs）	主管环境管理的部门 石油和天然气部或者矿业部	计划部 相关的次国家层级的政府实体	对于从环境损害中产生的或有负债，包括对搬迁社区的重新安置和修复的潜在成本，认识不足
职业安全和健康安全的义务	维护工人健康和安全标准并确保工作场所安全规范的实施	石油和天然气部或矿业部	就业和劳工部	直接的预算影响有限，但不遵守这些义务可能导致劳资纠纷和影响生产

资料来源：作者基于 Smith 和 Rosenblum（2011）的汇编。由自然资源管理研究所（Natural Resource Governance Institute）提供。

合同和收入管理方面透明度和问责制的建立

及时地和定期地发布关于资源许可证、合同和收入的全面的信息，使得政府、立法机构和公民能够行使监督并进行有关收入的最佳使用的有根据的辩论（IMF，2007）。在政府内部，透明的程序和问责制的实施以及合同授予过程的透明度和诚信，可以降低个别政府官员的自由裁量权的水平，实现更好的监督。这增加了根据政府的优先事项协商和监督合同的可能性。收入和合同透明度所带来的公众监督，减少了在没有公众监督和辩论的情况下收入可能被政府内部狭隘的利益集团夺取的可能性。

法律框架是资源透明度的主要支柱，并提供了调和关键利益相关者群体的可能有分歧的利益的可能性。利益相关方包括政府、私人投资者、土地地上权所有者、地方社区以及可能受到采掘行业（EI）部门的社会和环境影响的其他方。更具体地说，收入管理是在重要的程度上依赖于政府、国家资源公司（NRCs）以及跨国石油、天然气和矿业公司之间的关系，因为由这些关系所产生的许多事务具有财政影响。要使收入流透明，在法律框架中必须明确确立地位和责任（IMF，2007）。

许可程序的透明度和开放性是采掘行业的透明度的第二支柱，对于在矿山或油田开发的后续阶段实现收入透明度是必不可少的。在签约阶段，透明度是指能够提供描述合同和许可条款及程序的数据，以及决定对这些信息的访问的监管制度。需要以明确的和全面的方式公开提供政府的政策框架和征税或产量分成协议（PSA）的法律依据。应当在预算文件中明确地界定和描述国家资源公司的准财政支出，这些有时是出于社会目的或补贴（IMF 2007）。

采掘行业透明度倡议（EITI）通过将企业披露的缴款与政府报告缴款收入进行整合，给政府、企业和民间团体带来了透明度。在这里，政府受益于采用国际公认的透明度标准，从而展示了改革和打击腐败的承诺。这提高了税收征管的潜力并提高了信任和稳定性。企业受益于公平的竞争环境，在这种环境下彼此竞争的企业被要求披露同样的信息。企业也受益于投资环境的改善和更为稳定，从而能够与公民和民间团体更好地接洽。公民和民间团体受益于获得有关这个行业的可靠信息，以及一个多方利益相关者平台，在这个平台上它们能够更好地使政府和企业负责。

许多资源丰富的发展中国家无法提供关于资源收入的可靠的、基本的汇总数据。在这方面，对于被评估和收集的资源税的电脑化记录将提供基于收付实现制和权责发生制的全面的会计数据。为了进一步简化，可以将资源收入支付给一个单独的指定的银行账户，并每日扫进在央行的一个国库账户（有时称为统一基金）。之后，需要由政府的首席会计官对该账户进行每天的审计，与央行的记录对账。税务机关应当通过准备对被评估的、征收的和存入该账户的税款的综合账户来提高透明度。

为了确保诚信，对资源收入管理的组织应当尽量减少共谋的机会，而不使程序过于复杂。Calder（2010）建议，因为这个原因，审计人员不应当参与日常收入评估和征收，并且应当由不与该审计直接相关的管理者监督审计。此外，他提出审计工作应当由团队而不是由个人完成，并且每过几年对人员进行重新调整。申诉和审查应当由不直接参与正在被审查的决定的人员进行，应当由一个独立的机构来保证申诉的权利。信息技术（IT）系统需要识别输入数据的职员，又应当将这些数据与源文件相互对照。应当由独立于行政机关的一个机构审计资源收入，而且这个机构也应当处理与行政制度和程序有关的风险。

监督和执行针对采掘业的财政制度

有兴趣的读者可以参考 Calder（2014），《采掘行业财政制度管理手册》；*以及* Guj *等人*（2013），《如何改善矿业税收管理和征收框架：原始资料》。

为了达到其征税潜力，即使是精心设计的财政制度也需要有效的税收管理的充分补充。鉴于采掘行业部门往往有非常大的收入潜力，有效的资源税制度具有很多倍地偿还运营整个税务管理的成本的潜力。

采掘收入管理在一些重要方面与一般的税收管理不同，使之更加复杂。采掘收入管理的复杂性主要起因于该行业典型的财政工具的复杂性，如第五章所述。这种复杂性又受到该行业的性质及其经济性质（如第二章所述）的影响，诸如不可再生性、超常规利润、高度的不确定性和风险、运行期长以及价格波动。

基于利润的税收和其他累进税，尽管在取得由大宗商品价格上涨所带来的租金方面比特许权使用费更有效，但往往给税务部门带来较大的负担。因此一些国家选择根据行政能力调整税收政策。另一种选择是采用更加复杂的和累进的财政制度，以及通过建立能力建设的长期政策，与在过渡期间的合格的外部支持相结合，来解决管理挑战。

收入管理能力有限的资源丰富的国家的最佳选择仍然是一个有争议的问题（Guj 等人，2013），但目前有广泛的共识认为在全世界范围内采掘财政制度往往太过复杂，无法有效地管理（Calder，2014）。同时，一些资源丰富的工业化国家有着简化的石油、天然气和采矿业税收法规，这一过程大大方便了税收管理。例如，挪威对产油企业征收统一的78%的企业利润税。相比之下，在发展中国家，税收管理往往因为多个个体采掘合同而复杂化，这些合同各自有不同的条款，有时候包含关于特许权使用费、利润税和暴利税的复杂组合。在采矿行业，一些国家已经通过形成典型采矿协议降低了交易成本。其他一些国家运用税法来定义通行的制度。

采掘行业部门收入的管理所面临的特别的挑战来自审计领域（Guj 等人，2013）。从表面上看，采掘行业部门审计应该比其他行业简单，因为采掘行业的特点是少数几家企业缴纳非常大的款项。这与大多数其他税务管理不同，其他税务管理中缴税者的数量比这大很多，但来自每位缴税者的收入可能仅仅相当于一家石油或采矿公司缴纳的很小一部分。但是采掘部门的审计相对复杂，需要高度的能力（Calder，2014），因为其中经常涉及分析属于同一组的若干公司之间的复杂的操作和交易，以及控制主要股东的税务事务。资源类企业可能与位于外国的其他企业相关，可能需要要求外国税务机关提供相关的信息。负责采掘税务的审计也需要熟悉诸如资本弱化、国际利润转移和转移定价等做法。

对采掘行业的收入管理带来相当大的挑战的另一个特点是需要涉及在整个政府中的多个部委和机构（Guj 等人，2013）。在大多数其他行业中税收管理完全是财政部的责任，而采掘行业的强大的技术成分要求采掘行业部门部委和国家资源公司的参与，在存在这些机构的情况下。采掘行业征税要求正确地确定生产数量和质量、合适的价格和生产成本——并且，对于这些变量中的每一个变量，采掘行业部门部委或国家资源公司的输入是至关重要的（专栏6.1）。

因此，为了产生预期效果，采掘业的收入管理要求采掘业部门和财政部之间的协调（Guj 等人，2013）。这种协调往往在实践中被证明很难。为了确保沟通，必须建立信息交换程序，这种程序可能在法规中列出，并包括在工作人员的职责说明中。其他可能的措施包括从事资源征税的不同的机构的部门在同一地点办公，以及员工交换或临时借调（Calder，2010）。正如在关于国家资源公司的第三章中讨论的那样，最佳的做法是国家资源公司不参与收入管理。如果一家国家资源公司已参与其中，财政部与该国家资源公司之间的良好沟通是至关重要的。

专栏6.1 建立采掘业税基：生成生产数据

要建立采掘行业税基，相关政府机构和部委必须有核实生产数量、质量和成本以及资源价格的能力。

- *生产的数量和质量*。技术和实验设备及能力（例如与矿物学有关的设备及能力）对于测量或核实生产的数量和质量（矿石或原油等级）并进而确定价格是必需的。由于该行业部委往往在很大程度上参与对该行业的日常实物检查和监管，自然会有检查矿石数量和质量的责任，样品分析时常被外包给独立的实验室。类似地，在产量共享协议（常常用于石油部门）的情形下，国家石油公司的能力被用来衡量政府利润油及其营销和销售的数量和质量。
- *确定采掘行业征税的资源价格*。在税收评估上依赖企业报告的资源的销售价格可能带来风险——尤其是在关联方之间转移定价的情形下，通过转移定价，可能将资源以较低的价格“出售”给处在相关税收较低的司法辖区内的一家关联企业。为了降低这种风险，可以基于在国际交易所列出的价格评估资源价格。但是一些大宗商品的价格没有在国际交易所列出；此外，资源价格可能根据资源质量和运输成本的变化而变化。在这种情况下，评估者可能需要依靠行业部委提供市场情报和监督，以确立可靠的离岸（FOB）价格。
- *确定与征税有关的生产成本*。评估生产成本需要相当的技能和行业部委的合作。要考虑的因素包括对库存、准备金和储备金的处理，成本确认，对于与非生产相关活动的成本的隔离（以便在计算资源税时排除它们），为了“提升”的目的（即为了税额扣减的目的将实际成本抬高一个固定的百分比）对成本的不正确的分类；由资本弱化、融资租赁和汇兑损益所产生的问题，成本控制的规则和机制（按照法律合同的约定，以及对扣除范围的具体限制），以及对于成本抵消的处理，诸如保险追偿，及损失可以在多大程度上被结转。

资料来源：Smith 和 Rosenblum 2011；Calder 2010。

但是，多个政府机构之间的协调并不意味着对采掘业税收管理的责任应该在政府中来划分。这样的方法有相当大的缺点（Calder，2014），其中包括复杂性增加，企业要应对更多的监管机构，重复工作，缺乏有关职责的清晰度，缺乏问责，以及管理、系统和程序不协调。

因此，Calder（2014）建议尽量减少主管采掘业征税的机构的数量，并将管理集中在一个专门的单位。这很可能加强税收征管，因为采掘业的收入来自于少数规模非常大的税收贡献者。这个专门的单位可以是独立的，或者，如果在资源行业之外有同样大的税收贡献者的话，这个专门的单位可以设置在一个纳税大户单元（LTU）之内。目标应该是使这个专门的单位成为一个行政优化中心（Calder，2010）。

在许多发展中国家的经验中，建立一个特别的架构来控制纳税大户达标，总体上既产生了合规性的提高，也产生了更有效的税收管理。据 Baer（2002）称，这样的进步，是通过提高对纳税大户和它们的运营的了解、更加准确和及时地申报和缴纳收益、通过对申报和缴付义务的监督更早地发现违规、由训练有素的审计人员所进行的更有效的审计（主要集中在采掘行业部门），以及减少拖欠的累积实现的。但是为了避免权力大的个人利用集中的收入管理系统牟取私利的风险，集中必须有透明度和控制措施的支持。

税收管理的分布也可能是区域性的；一些国家可能将资源征税职责的一部分分配给接受地区。应当提及的是，最有效的纳税大户单元往往包括对运营的强大的和集中的监督，而高度分散的单元往往是最无效的（Baer，2002）。考虑到对专业技术技能的要求，在采掘业征税的情形下这个原则甚至可能更为显著。

在管理由资源企业缴纳的非资源税（诸如预扣税和增值税）时，有各种不同的做法。将资源企业的所有征税集中在一个机关对于企业是方便的。另一方面，就对非资源特有税的管理要求纳税大户单元的能力而言，这可能分散对资源征税的主要任务的注意力。Calder（2014）因此建议，非采掘业特有的税收在大多数情况下应当保持在常规的税收管理制度之下，以避免出现资源税单位最终处理由同一家企业支付大量的低收入税的情形。这些税收可以由那些通常管理此类税收的单位更有效地管理。

无论所采用的机构架构如何，要使资源征税有效，必须通过适当的人员配备和人员培训来降低政府与资源企业之间在专业知识上的往往非常大的失衡（Guj 等人，2013）。在这里，质量比数量更重要。石油、天然气及/或采矿税务局仅需要雇佣少量的专家。英国有一个相对复杂的由许多小油田组成的石油部门，英国为此目的只雇用了 50 名员工（Calder 2010）。但是工作人员必须高素质，具有他们的工作所需要的实物的和 IT 方面的基础设施。重要的是，为了吸引和留住有这样的才干的工作人员，采掘业税务机关需要提供具有竞争力的薪酬和就业条件（Guj 等人，2013）。在政府与资源企业往往竞相争夺素质最高的工作人员的环境下，这一点尤为关键。考虑到在采掘业部门常常有非常大的收入利益，可以有强烈的理由向那些在资源税务机关谋职和留在资源税务机关的工作人员提供足够有利的就业条件。然而，经验表明，除了充足的资金和高素质的工作人员之外，如果没有一贯的政治和管理支持，即使那些最初成功的纳税大户单元也可能遭遇在它们的实施之前存在的同样的问题（Baer，2002）。

正如在第三章关于国家资源公司的章节所讨论的那样，许多国家资源公司被赋予税收管理的某些部分的任务，尤其是关于政府利润油。但是由于利益冲突，国家资源公司参与税收管理时常缺乏问责制和透明度。因此，一家人员配备良好的国家资源公司不能替代合格的和有能力的税收管理部门。同时，国家资源公司的良好的工作条件可能使被赋予监督该国家资源公司运营任务的税收管理部门工作人员离开。

环境安全保障：矿山报废的金融保证

本节大量借鉴了 Sassoon（2009）的《实施矿山关闭财政保证指南》。其他相关的资料来源包括新南威尔士州政府（2010 和 2012），Peck 和 Sinding（2009），Proserv Offshore（2010），西开普省政府（2005）以及世界银行（2010c）。

采矿（以及，在较小程度上，石油和天然气）项目有很大的环境影响，如果没有得到很好的管理，可能因为损害地下水和土壤而留给政府有很大的责任。这样的责任可能会从小矿的几百万美元到大矿的超过一亿美元不等（加拿大自然资源部，2012；Sassoon，2009）。地下水污染（在此前适合人类食用和灌溉的地方）在最坏情形下可能使政府背上数亿美元的责任。这可能会导致当地居民的健康问题，使地下水不适宜灌溉，并降低一个地区的农业生产力。土壤污染可能会导致一个地区不适合农业生产以及人类居住。

在相关的部门立法和监管中表达的“污染者付费”原则，使政府避免承担这样的责任。因此，资源企业有责任详尽阐述环境影响评估（EIAs）、环境管理计划（EMPs）和报废计划——这些是环境管理的主要工具。要使这些工具有效，环保部门（以及相关部门的部委）需要有足够的能力和资金用于环境检查和监督。在自然资源部门监测符合环保达标情况需要专门的工作人员和先进的设备，包括有能力分析水和土壤的实验室。

关闭和退役，是采掘周期的最后一个阶段，是可能出现大量赔偿责任的风险最大的阶段。矿山关闭被定义为将一个运营中的矿山有序地、安全地、环保地转化为关闭状态（加拿大自然资源部，2012）。不充分的退役矿点的总的赔偿责任可能达到数十亿美元。专栏 6.2 提供了一个来自南非的例子，说明不充分的退役可能导致的大规模的国家责任。

专栏 6.2　南非：由于矿山退役不充分导致出现大规模国家责任

南非审计长 2009 年的一份报告指出，恢复南非的废弃矿山的费用估计为 300 亿兰特（20 亿美元）。这一金额作为一项或有负债，在 2007/08 财年至 2008/09 财年被列入该国矿产和能源部的财务报表中，但是在这 300 亿兰特中没有考虑对酸性矿山污水的长期治理和有关工厂的建设和运营费用。据南非地球科学委员会（CGS）称，与建设这些工厂有关的建设成本有可能高达 50 亿兰特（3.3 亿美元），再加上每年数亿兰特的持续的运营费用。在 5,906 座废弃矿山中，有 1,730 座被南非地球科学委员会归类为高风险的矿山，要恢复它们需要大约这 300 亿兰特中的 285 亿兰特。

资料来源：改编自南非审计长（2009）。

矿山关闭行动的目的是将受到采矿影响的区域恢复到其最初的、采矿前的环境状况，也处理矿山关闭的社会影响。与矿山关闭有关的活动涉及基础设施退役和拆除、完成复原、对地貌进行分级以便有效地排水等工程操作，以及实施关闭后的监督框架。将产生与资产的转移、劳动力遣散以及放弃权利协议有关的管理工作。在石油和天然气领域的运营关闭被称为“退役和报废”，经常有与矿区退役类似的社会和环境的影响，但幅度较小（能源与气候变化部，2011）。

金融担保，或保证，是用来确保环境负债并没有在矿山关闭或油田报废时转嫁到政府的主要金融工具。金融保证是由诸如担保公司、银行和保险公司提供的。金融保证确保，万一许可证持有者无法满足遵守环保要求或者未能恢复环境，政府拥有足够的资金来支付要实现遵守环保要求所可能发生的任何费用。如果一家勘探或采矿企业破产或者不履行其环境承诺，而管理当局要将被采矿活动干扰的区域恢复原状的话，这种情况就可能发生。

保证的金额被定义为彻底恢复被干扰的所有地区的最大总恢复成本（昆士兰州政府，更新版，指南 A）。金融保证的提供者（“提供保证者”）同意为第三方（“主债务人”）的行为或倒闭承担责任，“主债务人”在这种情况下是在运营的采矿、石油或天然气企业。如果该企业满足预先确定的标准完成对采掘地点的报废，金融保证的金额被全额返还该企业，只扣减必须由外部承包商完成的额外工作费用。尽管保证通常是行业部委的责任，但是在一些国家财政部在设立和管理担保上发挥着重要作用。图 6.1 详述了在矿点关闭后管理金融保证的步骤。

图 6.1　管理矿区关闭的财务保证：四个管理步骤

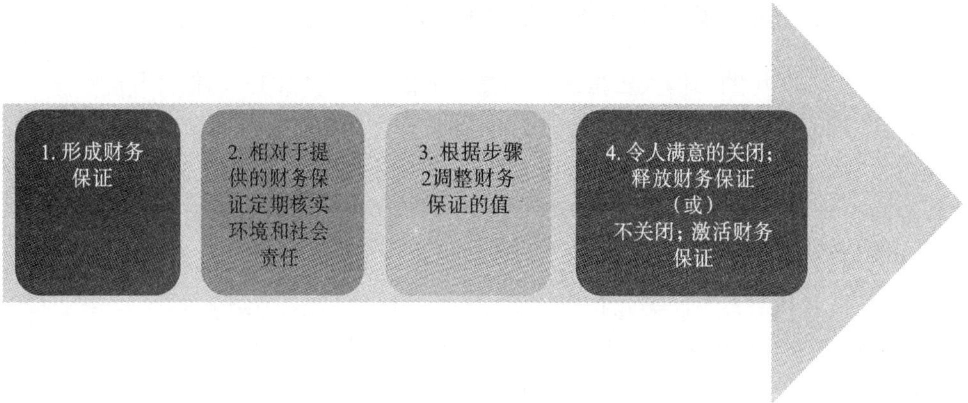

资料来源：由作者汇编而成。

存在若干种类型的金融担保，包括信用证、银行保函、保证债券、信托基金以及现金存款。表 6.2 评价了这些工具中的每种的优势和劣势（ICMM2005）。这个表中还包括公司担保，公司担保不再经常使用，因为人们认为它们不足以确保公司遵循关闭要求。

社会安全保障：社区基金会、信托和基金

本节大量借鉴世界银行的多个文件，包括世界银行（2010b），《矿业基金会、信托和基金：原始资料》；世界银行（2010A），《矿业社区开发协议——实践经验和现场研究》；以及世界银行（2011B），《在发展中国家共享矿业利益：基金会、信托和基金的经验》。有兴趣的读者可以参考原始文件。

在地方层面分享石油、天然气和矿业项目的利益被广泛认为是必需的，在许多国家已经将此作为法律规定。开矿可能会导致在特许地区的人口搬迁，并且随着移民劳动力从其他地区的到来而推动社会变革。随着一个矿达到其生产寿命的终点，之前在它周围已经形成了的社区可能面临失业和社会解体。像环境问题一样，在对采掘项目的规划的早期阶段就需要把社会问题及其财务影响考虑在内。在石油、天然气和采矿部门的社区开发协议（CDAs）有助于减轻围绕采掘过程的社会紧张，使得受影响的社区和其他符合条件的社区和地区受益于从它们所居住的土地上采掘自然资源。

中央政府对地方利益共享行使的控制从没有控制到广泛控制不等。一个极端是，资源公司直接与地方社区建立社区开发协议，政府很少参与或

表 6.2　常用金融担保工具的评估

工具	优势	劣势
信用证（LC）、银行保函	• 容易建立（如果企业符合银行的要求的话） • 不占用资本 • 矿山运营者的现金流出不大 • 行政要求很少 • 政府可以保留批准它将从哪些银行接受信用证的权力，从而最大限度地降低疲弱的银行倒闭的风险	• 提供保证者（银行，保证公司）自身可能倒闭 • 获得信用证可以降低矿业公司的借贷能力 • 债券的可得性取决于保证行业的状态，并可能受到采矿业之外的市场力量的负面影响
保证债券	• 总体上低成本 • 不占用资本	• 债券发行者长期可能倒闭 • 对企业的评级决定了成本，对小企业来说成本将明显较高（尤其是那些没有经过证实的过往记录的企业）
信托基金	• 公众接受度高（信托基金的“可视性”） • 信托基金的价值可能增值（但也可能损失价值，见“劣势”）	• 该信托基金管理不善的风险（如果基金投资于高风险资产，价值损失） • 如果采矿项目提前终止，信托基金可能无法通过年度付款积累足够的价值 • 信托基金经营和管理消耗了所赚取的一些价值和收益
现金存款	• 可以容易地将现金用于关闭和恢复 • 投资级 • 公众接受度高（保证的“可视性”） • 可以被小型和初级的矿业公司运用，如果它们未能达到银行的标准	• 在矿山的存续期间大量的资本被占用，尤其是大型采矿项目等 • 一些政府可能禁不住诱惑，将所存入的现金用于其他目的，而不是保护采矿项目 • 容易因欺诈或盗窃而损失现金
企业/公司担保	• 对采矿公司最有利 • 不占用资本 • 容易管理 • 公开提供年报	• 年度报告和财务报表都不能免于被操纵（会计丑闻） • 自我担保的公众接受度有疑问 • 除非明确提到是无条件的和不可撤销的，否则对有利害关系的第三方企业给予的担保的执行可能是困难的，原因是除了主债务人之外提供保证者可能提出质疑 • 如果提供保证者是一家在国外注册的企业，或者被担保的资产在境外，可能出现执行问题

资料来源：http：//ec. europa. eu，版权所有，欧盟，1995—2015；MonTec，2007。

不参与。另一个极端是，中央政府将从资源公司征收的一些税款和特许权使用费在地方进行再分配，对这些收入的投资主要由地方政府实施。介乎两者中间的解决方案赋予中央政府监管的角色，在其中中央政府建立和实施程序，以确保对社区投资项目的适当的选择、实施和评价的经费全部或部分来自资源收入。

尽管一些企业仍然通过直接付款资助和实施社区开发协议，但是大多数企业通常更愿意运用某种类型的社区基金会、信托和基金（FTFs）。对FTFs的这种偏好反映了以往的经验：在某些情形下直接投资被导向远离原打算令其受益的社区。另外，从企业的角度来看，FTFs提供了双重优势：将社区开发项目的法律责任与企业的法律责任分离，以及缓解企业预算周期和大宗商品价格波动对项目的影响，实现长期的、多年的开发项目。由于FTFs目前被视为国际最佳实践，因此本节的其余部分提到的资金安排指的就是FTFs。

FTFs的资金或者直接来自资源公司，或者是通过矿产税收入（从中央政府转移给采矿地区），或者是两者的结合。为了实施社区开发协议而征收资源收入显著取决于次国家级别的资源征税或收入共享的类型和程度。在一些国家，诸如巴布亚新几内亚、智利和南非，法律规定资源企业必须将一定百分比的产出或利润贡献给社区开发，通常是通过FTFs。在加拿大，企业为FTFs提供资金被认为是最佳实践，特别是在属于土著社区的地区，但是这可能不会被正式要求。在一些其他国家，如秘鲁，资源税和特许权使用费在中央一级征收，然后通过地方政府主管部门输送给用于矿业区域的社区开发。其他的国家在次国家级别征收资源税和特许权使用费，其中一些可以被指定用于资助当地的FTFs，或者综合不同类型的征税安排。许多国家对FTFs给予免税，因为由FTFs提供的货物和服务本质上是公共产品。

如果政府直接贡献资金给FTFs，如果政府与FTFs共同为项目提供资金，或者如果企业向FTFs贡献资金作为采矿合同规定的企业义务的一部分的话，审计署在监督和审计方面有天然的角色。如果FTFs只接收自愿捐款和实施独立于地方、区域和全国政府的项目，在原则上是由其资金贡献者确保适当的监督和审计。可能有一个例外，即当地方、区域和全国政府做出假定会带来特定的社会回报的非货币贡献时，诸如土地或许可证。

可以将企业对FTFs的贡献设定为产出或利润的一个百分比。基于产出往往为社区和政府所青睐，这恰恰是因为这能确保一定的财务贡献，无论企业利润高低，而企业可能青睐将贡献设定为利润的一个百分比，或者是资本或营运开支的一个百分比，或者是基于对企业资金状况的年度评估。运用产出和收入作为确定贡献的基础的好处是，产出和收入相对容易验证。在某些情况下，要求规模较小的企业和勘探企业提供资金给一个“汇总的”社区发展基金，该基金由相关的省政府管理和控制。专栏6.3提供了关于可能如何将采掘行业项目的益处与地方社区共享的例子。

专栏6.3　为社区利益共享提供资金：实例

有若干种方式将采掘业项目的利益与地方社区共享。这些方式包括通过次国家级别的收入共享，以及社区基金会、信托和基金（FTFs）。对FTFs的贡献可以是规定的或自愿的。

次国家级别的收入共享

矿业法（Canon Minero Law），秘鲁。

秘鲁矿业法（Canon Minero Law）规定，将矿业公司向全国政府缴付的税款的50%返还给地区政府（其中的25%）和市政府（其中的75%）。

税款和特许权使用费共享，马达加斯加。

税款和特许权使用费的42%转给采掘社区，21%给所在地区，7%给所在的省。

国家平准基金，塞内加尔。

百分之二十进入基金。从这一金额中，采矿地区的地方当局收到60%，剩余的40%是由该国的其他地方当局共享。

社区基金会、信托和基金（FTFs）

纽蒙特阿哈福发展基金会，加纳。

资金来源是纽蒙特公司的阿哈福南矿的营业利润净额（税前）的1%加上从阿哈福所产的黄金中每盎司收取1美元，两者相结合。

拉格伦协议，加拿大。

接近1,600万美元，或营业利润的4.5%，在2007年进入一个信托，该信托将这些资金分配给三个土著基金会，后者又将资金分配给在加拿大北部的努拿维克地区的14个社区。

资料来源：改编自世界银行（2011b）。

重要的是确保由FTFs管理的资金的投资方式避免损害现有的服务项目或规划，并且在可能的情况下与现有的政府和其他倡议结盟或者作为其补充。行业和政府的角色需要被明确界定，以避免出现采矿公司代替政府的结果。如果由FTFs提供资金的项目活动与现有的政府服务提供及投资重叠，可能出现服务提供或投资重复，以及因此支出重复的情况。为了更好地利用资源以及避免重复浪费，FTF最好是应当将预算和支出管理与现有的地方和区域发展计划联系在一起。

政府的参与可能对成功至关重要，但与此同时政府需要独立地作为一个可信的监管机构运作。一些人主张，地区政府和全国政府不应该参与

FTFs，因为地区政府和全国政府的监管和监督职能应保持客观，为地方一级保留政府参与。然而，上级政府常常必需参与到一定程度，尤其是如果地方管理能力缺乏的话。政府可以影响一个 FTF 的结构和运作，比如当政府官员在 FTF 的董事会任职，使得遵守地方和区域发展规划具强制性，或者参与社区和企业之间的谈判。

为了达到期望的效果，建设地方投资能力可能是必需的。在地方层面缺乏足够的组织和技术能力是富有成果和成效地实施由 FTF 提供资金的项目所面临的一种常见的、重大的挑战。经验表明，在最成功的社区开发协议中，在该社区开发协议开始之前，政府、资源企业及/或非政府组织（NGO）已经投入了大量的时间和精力来建设所有利益相关者的能力。能力建设不仅仅涉及地方政府的技能，也涉及社区成员、地方组织和其他利益相关者群体的技能。识别具有运营广泛的能力建设项目的必需技能和经验的潜在合作伙伴机构，将是成功的能力发展的一个关键组成部分。通常情况下，在地方层面的技能支持将涉及战略思维和项目优先次序、预算预测和成本分析、财务报告和簿记、项目实施和管理的分析，以及监督和评价等能力。专栏 6.4 提供了来自秘鲁的发展地方投资能力的一个例子。

专栏 6.4　在秘鲁发展地方投资能力

在秘鲁的卡哈马卡地区，亚纳科查矿业公司发现自己陷入这样的境况：当地居民期望该公司的运作将使卡哈马卡地区繁荣，而该公司无力确保当地居民收到来自源自该公司的运营的公共基金的可观收益。接收社区开发协议（CDAs）资金的城市没有有效地使用资金，由于在将项目带入实施阶段方面的长期拖延，资金已经开始在这些城市的账户里累积。此外，这些城市几乎全部实行了较小的项目（如铺路），因为它们缺乏处理大型的、昂贵的项目的技术和管理经验。这些问题在三个层面得到处理：

- *对市政投资的管理*。与国际金融公司（IFC）合作，提供咨询服务，以帮助城市重新设计它们的组织机构和建立承接中小规模的基础设施建设项目的能力。对大型基础设施项目提供了外部支持，提供了预测收入的模型，并向城市提出了改进项目执行的选项。
- *对市级财政的管理*。对市政工作人员进行了培训，以改进他们的投资项目预算编制，并利用来自采矿特许权使用费的收入来获得其他资金来源，从而增加当地基础设施项目的可用资金。

专栏 6.4　在秘鲁发展地方投资能力（续）

- *透明度和公众反馈*。与卡哈马卡大学和当地商会合作，传播有关社区发展基金和市政投资的信息，并发布有关这些投资的调查。

在这个项目之前，受益城市的市长们觉得社区开发协议是不够的，他们没有认识到他们自己作为社区基金的主管当局的角色。在培训结束后，市长们认识到，他们将要为高效利用社区发展资源负责，他们把注意力集中到使城市管理和财务管理更为高效。这一项目后来被扩大到一个名为“改善市政投资”的全国倡议，其中包括一个具有课程材料和有关市政投资的更新信息的网站。

资料来源：改编自 Aguilar 和 Francis（2005）。

理想的情况是，到矿业公司停止运营时，由 FTFs 管理的资金达到足够的规模，足以在报废和关闭的较长时期内既支持管理支出，也支出项目预算。考虑到这一点，并且考虑到建立 FTFs 的捐款所需要的时间，企业应当尽早开始贡献捐款，以提供最大的利益，不过，在采矿项目的情况下，在早期阶段的高资金成本意味着大多数矿业 FTFs 是在生产已经开始后建立的。在捐款安排下，管理成本经常来自于被捐赠的投资的利息，而由来自采矿运营商（及/或其他当事方）的定期捐助支持开发项目。运营成本，包括运输在内，需要与投资到开发中的资金的规模成比例考虑，并且其上限经常被定为总支出的大约 15%—20%（World Bank，2011b）。

第七章

公共基础设施和投资

地下资产转为地上投资

有兴趣的读者请参阅 Rajaram 等人 2014 年出版的《公共投资管理的力量》一书；更详尽的摘要请参考 Ossowski 和 Halland 即将于 2015 年发表的报告。

采掘业的长期增长以及自然资源转化为公共财产都取决于适当的公共投资管理（PIM）政策和具体程序。投资决策要体现经济和社会两方面的成本和效益，资产需要得到有效的创建、运营和维护。为防止自然资源收入的浪费，就有必要尽快制定最低限度的 PIM 措施。

提高公共投资效率意味着改善项目筛选和执行以及资产运营和维护（Q&M）。为此，有必要由训练有素的政府工作人员进行适当的成本效益分析。执行阶段要求有坚实可靠的预算和采购程序，以避免采购中的低效或腐败以及项目的拖延（或烂尾）。出于维护的考虑，有必要建立并更新公共资产登记制度。

PIM 各阶段搭建了一套评估公共投资效率的框架，可以根据不同情况加以扩展和应用，但在任何情况下都要建立关键机构的权威和纪律，要有对 PIM 的政治承诺。关键是要成立一个核查部门，对界定模糊的项目在事前就加以否决。可以将独立的项目评估外包出去，为项目计划书的评估提供支持，提高投资程序的可信度。提高投资效率的简单做法是跟踪项目完工率。公共报告制度向部长们提供了更多激励，鼓励他们提高业绩（Rajaram，2012）。图 7.2 所示的各个阶段与专栏 7.1 详述的各个阶段相吻合。

图 7.1 收入流失

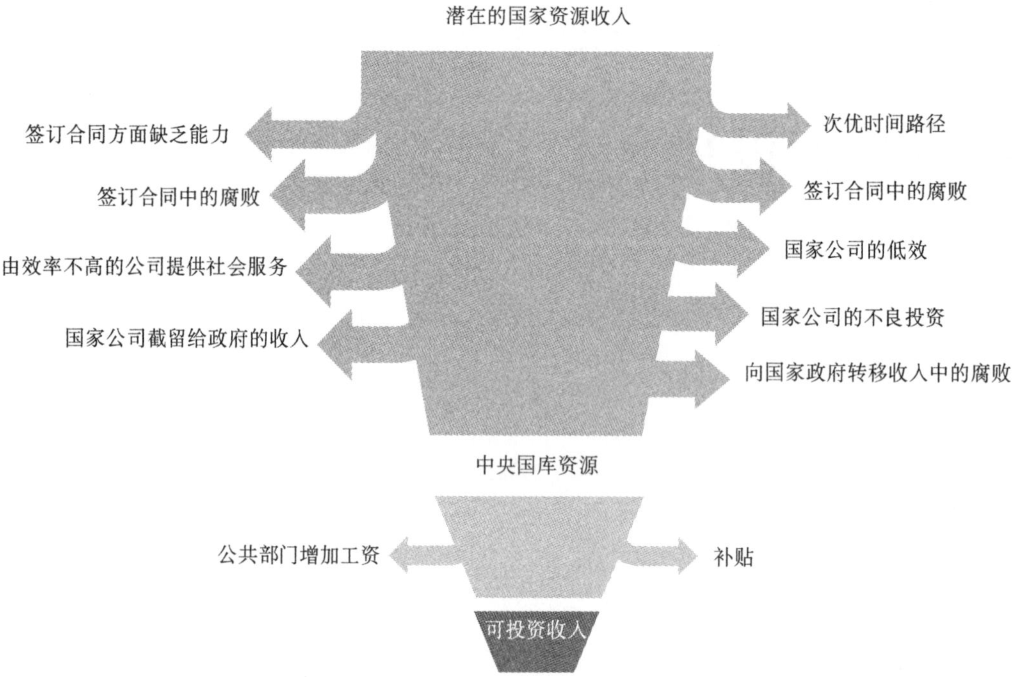

资料来源：摘自 Ascher（2008）和 Rajaram（2012）。

图 7.2 公共投资管理的各个阶段

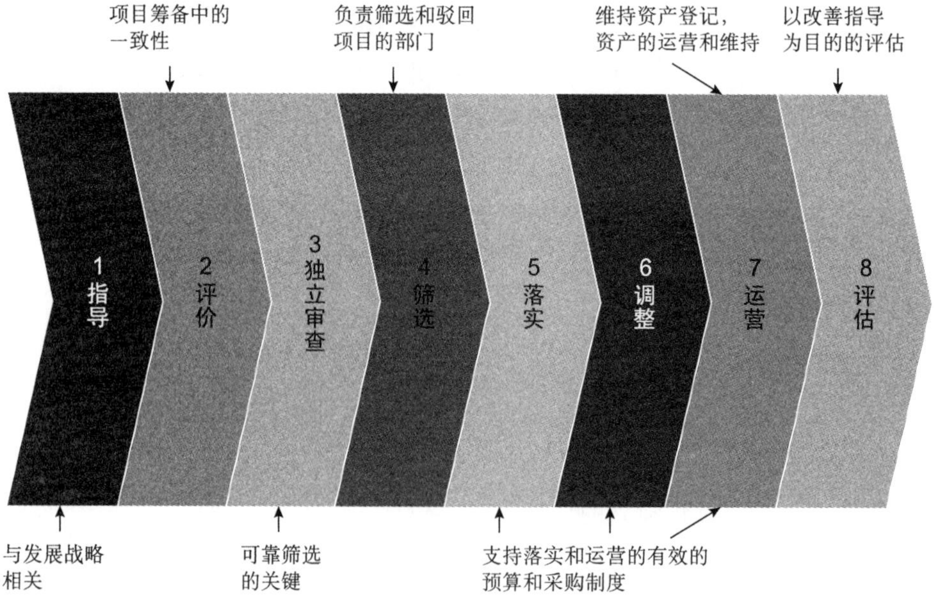

资料来源：Rajaram 2012。

专栏 7.1 有效的公共投资管理

高质量的公共投资是增长的要件（Gupta 等人，2011 年）；投资管理不善会导致资源浪费和腐败。如果投资在面临宏观经济和制度吸纳的制约的情况下快速增长，那么管理不善的风险就会加大（Berg 等人，2012 年）。有效的公共投资管理可以分为四个阶段，各阶段有不同的内容（Dabla - Norris 等人，2011 年；Rajaram 等人，2010 年）：

- **战略指引和项目评估**：战略指引确保在增效和增长前景的基础上进行项目筛选，并能体现发展目标和重点。通过第一轮筛选的项目必须接受严格的财务、经济可行性及可持续性审核。第一轮筛选包括几个步骤——财务和经济成本效益分析、预可行性研究和可行性研究、环境和社会影响评估，这些都要由经过项目评估培训的工作人员执行。此外，制定潜在项目清单可以加强问责。
- **项目筛选和预算**：由政治上独立的评估机构对拟议项目进行审核。国内外专家的合作参与可以提高审核质量和稳健性。要将项目筛选、评估和预算过程联系在一起，确保经常性费用合理、进行适当监管，并与长期的财政和债务管理目标保持一致。为此要建立一套中期财政框架，将投资目标转化成总资金和总预算的多年预测。
- **项目执行**：这个阶段涵盖范围较广，包括有效的采购、及时的预算执行，以及充分的内部预算监督和控制。明确的组织机构安排、足够的管理能力、定期报告和监督都是避免预算执行不力、寻租和腐败的关键。采购过程必须有竞争，信息透明，要有投诉机制加以制衡，还要有可靠的内部审计。
- **项目审计和评估**：许多发展中国家的 PIM 系统都缺失了事后评估这一环，资产登记制度也不完善。登记是实物财产维护和问责的必要条件，还应该定期接受外部审计。

资料来源：摘自 Berg 等人（2012）、Dabla - Norris 等人（2011）。

基础设施投资

国际金融公司的《通过项目融资促进绿地矿业相关的交通基础设施发展》（IFC 2013）深入探讨了矿业基础设施的双重利用问题。关于资源融资的基础设施（RFI）交易，请参见 Halland 等人（2014）发表的《资源融资的基础设施：关于一种新的基础设施融资模式的探讨》。

采掘行业历来独树一帜，但采掘业的大型基础设施投资既可以用作公共用途，也可以用于更广泛的私营部门开发。在一些发展中国家，资源公司兴建的基础设施在全国基础设施总投资中占很大一部分。矿业部门需要高容量的公路和铁路网，在开发阶段往往包括数十亿美元的基础设施投资，是占比最高的投资开支项目。IFC（2013）探讨了公私合作（PPP）模式，使矿业基础设施得以发挥双重作用，从而对全国的公路、铁路、港口、发电和其他基础设施能力作出贡献。

采掘业基础设施投资要为国家的基础设施总体能力作出最佳贡献，就必须与现有基础设施以及未来的区域和国家基础设施发展计划相协调。在这方面，某种程度的区域规划必不可少，这样就可以将一些跨境问题也考虑在内。需要进行领土规划以确保基础设施网络以最大限度地服务于公共利益为目的，同时保持其自身服务于矿区的主要功能。某些情况下，可以由政府来协调不同公司的基础设施投资，这样不仅可以提供公共产品，还可以通过规模经济让相关公司受益。

要将采掘业相关的基础设施用于更广泛的私营部门开发，就需要采取一套综合性的办法。比如说，可以通过资源走廊或者产业开发区来解决电力和交通等公共产品的当地需求。资源走廊可以利用采掘业基础设施，一方面将当地公司与资源公司的需求联系在一起，另一方面将当地公司与大众市场联系在一起。在这方面，关键在于建立商业监管、中小企业（SME）融资、商业开发和人力资源（HR）开发的相关制度。无法有效解决一国商业环境的总体问题时，就有必要针对资源走廊或产业开发区制定特殊监管制度。对有意进入油、气和矿业供应链、下游生产，或相关行业的本地公司，要制定针对性的中小企业融资方案，提供工程、法律、会计/审计等服务。可能也需要解决资金渠道方面的法律和体制限制。

最近几十年，资源丰富的发展中国家一直把本国的自然资源当做抵押物，消除在争取常规银行贷款和进入资本市场时遇到的壁垒，以获取投资资金。资源融资的基础设施（RFI）模式于是应运而生，如专栏7.2所述，该模式来自非洲几家西方银行开创的以石油为抵押的贷款模式。

专栏 7.2 关于以资源融资的基础设施的讨论

政府通过资源融资的基础设施交易，以资源直接交换基础设施。RFI 在以下两者之间建立了一种直接联系：（1）政府从资源构成中获得的未来收入流；（2）资源开发商的贷款方或另一家金融机构向政府提供的无追索权贷款，用于购买该基础设施。政府承诺根据既定财政体制，用今后的石油或矿产收入偿还贷款。针对基础设施部分的贷款直接发给建设公司，支付建设成本。RFI 的关键是创建这条无追索权的连接，用特殊的贷款机制将今后资源收入偿还贷款的承诺，和当前的基础设施融资连接在一起。

根据 Collier（Halland 等人，2014），在财政纪律松弛的情况下，RFI 合同也是一项承诺机制，使部长们能够确保今后的决策者会拨出合理比例的资源收入，作为资产累积起来。与资源抵押的贷款或主权债券发行不同，RFI 将政府从资源开采得来的收入与基础设施投资直接联系在一起，有助于消除进入国际资本市场的壁垒，避开政府进行大型基础设施建设所遇到的能力约束。政府对现行的几种 RFI 交易模式颇感兴趣的另一个原因可能是，RFI 交易被视为可以在决策者在任期间向公众快速提供回报的一个机会。矿区和油田的开发耗时良久，而相关基础设施可以早在开采项目带来收入或盈利之前就投入使用。

尽管有这些潜在好处，RFI 仍面临重大风险和严峻挑战。早期的 RFI 交易往往缺乏竞争、透明度不高、对交易结构的重视也不够，很难被看做真正的融资模式。这就带来与交易估值有关的质疑：现在的基础设施在今后的石油或矿产价值中占多大比例？此外，对已建成基础设施的质量、运营和维护能力这些问题也一直有顾虑。但在成熟的 RFI 交易中，可以通过认真仔细的合同签署、尽职调查、独立第三方建设监理等措施加以解决。根据 Wells（Halland 等人，2014），对 RFI 交易，要像对待其他任何商业协议一样进行评估，与其他从自然资源中获得回报的替代方式，与基础设施融资的其他替代方式仔细比较，还应当包括适当的保障措施和执行程序。

资料来源：Halland 等人，2014。

第八章

经济多元化和地方资源开发

形成连接

有兴趣的读者请参考 Tordo，Warner 和 Anouti（2013）发表的《油气行业的地方政策》。

如前所述，采掘行业历来独树一帜：业务经营在发展中国家进行，但员工、商品和服务都来自海外，对国内私营部门的溢出效应很有限。除了几个重要的例外（挪威和加拿大等）之外，许多国家的采掘行业都没有为当地带来大量直接就业，与当地公司的联系也寥寥无几。资源丰富的发展中国家的地方企业往往很难向采掘行业的生产过程提供投入品，原因有很多，包括业务监管繁琐、难以招募合格人员、管理技能不足、国际产品标准方面的知识不够、缺乏融资渠道等。

由于采掘行业性质独特，所以在许多资源丰富的发展中国家，采掘业为该国经济多元化的贡献都很有限。要应对这种趋势并且进一步促进经济多元化，也许可以制定政策，加强采掘行业与经济其他部门的连接（图 8.1）。这种连接有五种主要方式：

- 财政：从采掘行业获取财政收入，然后用于实物和人力资本的公共投资。
- 空间：鼓励采掘行业基础设施用于公共用途和更广泛的私营部门开发，鼓励采掘行业基础设施在这两方面发挥更大影响（如第七章所述）。
- 知识：通过人力资源开发和研究实现。
- 向后：通过地方企业参与采掘行业生产过程来实现。
- 向前：促进开采出的大宗商品的价值增加。

图 8.1　将采掘业与整体经济体系相连：五种类型的连接

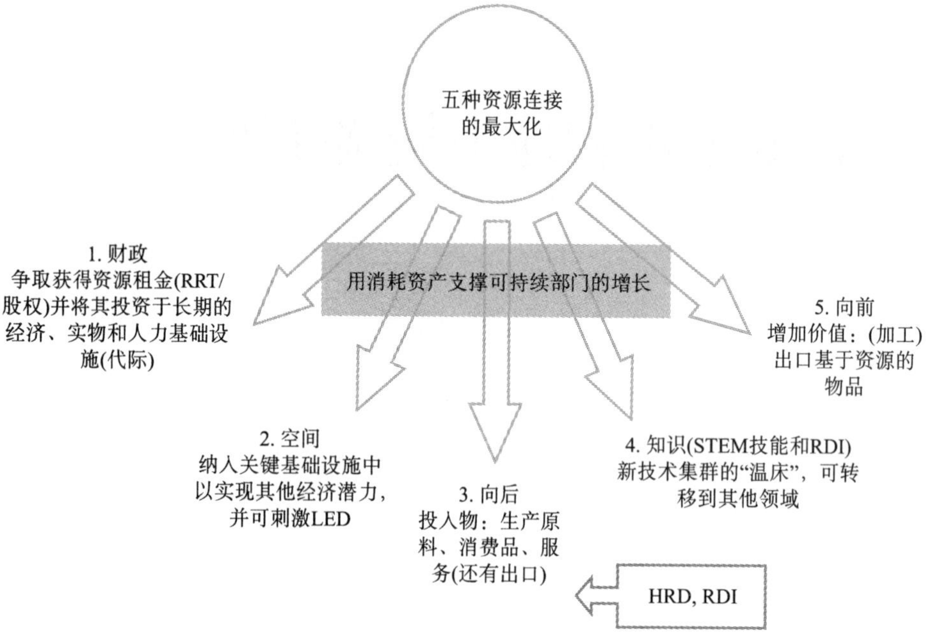

如果不能建立这些连接，对人民的资源最好不要进行开采。需要在资源还存在的时候使其发展和代际影响最大化

资料来源：摘自 Jourdan（2014）。

注：LED = 地方经济发展；STEM = 科学、技术、工程和数学；HRD = 人力资源开发；RDI = 研究、开发和创新

一些资源丰富的国家尝试发展“向后”的生产连接，即开发地方资源。地理位置优势以及跨国油气公司及/或矿业公司及其供应商的潜在技术溢出效应使资源丰富的国家有机会实现国内上游业务连接的最大化，同时提供周边服务。使用本地生产商有助于公司提高效率和降低成本。当地劳动力成本往往明显低于海外员工的成本，本地供应的速度也比海外供应更快。出于种种原因，石油和矿业公司也许愿意在可能的情况下把非核心业务外包给当地公司，跨国公司在这些业务上并不具备竞争优势。但有效的地方资源开发也有一些重大障碍。例如，有些地区的公司可能达不到采掘行业的标准，也许是因为他们缺乏必要的人力资源能力，无法提供满足行业标准的复杂的商品和服务。

知识连接对经济多元化至关重要。自然资源领域的许多必要技能都是可以转移的，还可以成为其他部门发展的基础。例如机械工程、土木工程、电气工程、化学、会计、金融、企业管理以及法律领域的技能和培训，还有技术类工种（焊接、机械、电气安装）等。提高国内自然资源领域的知识和技能水平，有助于提升人力资本的整体水平（见专栏 8.1 挪威案例），还有可

专栏 8.1 挪威石油和天然气价值链的多元化

20 世纪 70 年代初期，挪威的地方资源开发水平非常低。挪威海上石油生产所需的产品和服务绝大部分都由总部设在美国的跨国石油和服务公司提供。30 年后，挪威本地资源开发占总资本投入的比例已经超过 50%，占运营和维护投入的比例超过 80%。依托本地资源开发过程获得的技能和竞争力，挪威石油行业供应商的出口已经占到其销售额的 46%。

为促进本地能力的发展，政府鼓励国际石油公司在石油开采的早期阶段与国家级大学的研究机构签署合作协议。这带来了学术界石油行业技能升级以及针对石油及相关行业的学位教育的升级。这项政策的特点是一套明确的系统，用以评估对国内能力开发有贡献的石油公司。合同授予时会考虑对研发（R&D）的财务支持、技能和技术的转移。石油公司所得税 78%，但所有研发开支即刻享受税收减免，这种做法为国内研发投资提供了强大激励。

公司层面也制定了类似政策，鼓励跨国石油公司在大型开发项目里纳入国内公司和企业，培养合资公司，鼓励国内公司和外国公司签订合作协议。要求国际石油公司在挪威成立全面经营的子公司。这些协议使国内公司（主要是造船公司）得以将自身能力转变为海上石油生产能力。

在选择多元化部门时，挪威选择了已经拥有相关能力的部门，也就是已经具备建设海上石油平台的能力、可以为石油行业提供专业技术服务的部门。挪威并不认为自己会在石化行业具备竞争优势，所以没有在下游领域进行大规模多元化（炼油和天然气处理厂除外）。

资料来源：摘自 Noreng（2005）和 Heum（2008）。

能改善资源丰富的发展中国家吸收自然资源领域以外的技术转让的能力。

有些国家对通过选矿政策，即鼓励采掘行业大宗出口产品的价值增加，来促进“向后”连接的兴趣越来越大，但孤立采取这项政策获得成功的证据很有限。采矿业选矿政策涉及对未加工大宗商品的出口控制以及对下游行业（例如钢铁制造）的鼓励。这类政策的最近案例是印尼 2014 年年初颁布的禁止未加工镍和未加工铜出口的政策；这导致印尼出口收入大幅亏损，给镍相对于其他金属的价格带来上行压力（Nair 和 Lee，2014）。选矿政策效力的经验性证据表明，该政策成功促进出口品价值增加的效力很有限（Hausman、Klinger 和 Lawrence，2007）。此外，发展下游行业所需的能力与发展主要采掘行业所需的能力截然不同，所以，一个国家的开采活动并不代表该国在下游加工和生产领域也拥有比较优势。专栏 8.2 概述了选矿相关的突出问题，进一步彰显了这种区别。

专栏8.2 促进下游矿产加工的国际经验

鼓励下游矿产品加工的政策有很多形式，从限制未加工大宗商品出口，到向下游加工和精炼行业提供补贴等。例如，南非曾限制许多未加工矿产品的出口，并设立融资项目来鼓励矿产行业的价值增加。非洲其他一些国家也采取了类似政策，如博茨瓦纳的钻石业政策、赞比亚的铜业政策、加纳的石油政策以及莫桑比克的天然气和煤炭政策。澳大利亚则用税收优惠和能源补贴政策来鼓励下游钢铁行业的发展。

虽然鼓励矿产行业“向前”连接的政策越来越受欢迎，但对政策的影响仍有很多争议，最近的一项跨国经验性调查（Hausman、Klinger和Lawrence，2007）没有发现鼓励出口品价值增加政策的正面效果。很多行业都有运输成本下降促使全球供应链分散的大趋势，矿业领域也不例外，只有极少数出口未加工矿产品的国家同时也出口同类矿业的加工后产品（图B 8.2.1）。Hausman、Klinger和Lawrence（2007）用各国1975—2000年期间的贸易数据和描述241种产品供应链连接的投入—产出数据，对促进矿产品下游加工业出口品价值增加的政策进行政策效力调查。调查发现，在中长期内，初级大宗商品的价值增加与这部分增值占该国出口品增值的比例无关。

采矿和矿产加工是两个不同的行业，需要的能力也不同。有大规模采矿业的国家未必能在开拓下游加工业时实现盈利。Hausman、Klinger和Lawrence强调指出，一个国家矿产品加工能力的发展历来都与其他因素（例如能源）的比较优势相关，而不是与原矿石的获取相关。决定许多矿产冶炼厂或炼油厂位置的关键因素都与互补性投入要素的需求有关，例如低成本电力、土地获取、污染控制和其他监管要求、获取低成本资金的渠道，以及外部经济（如副产品的市场等）。

图B 8.2.1 全球铜生产、精炼和消费趋势，2013

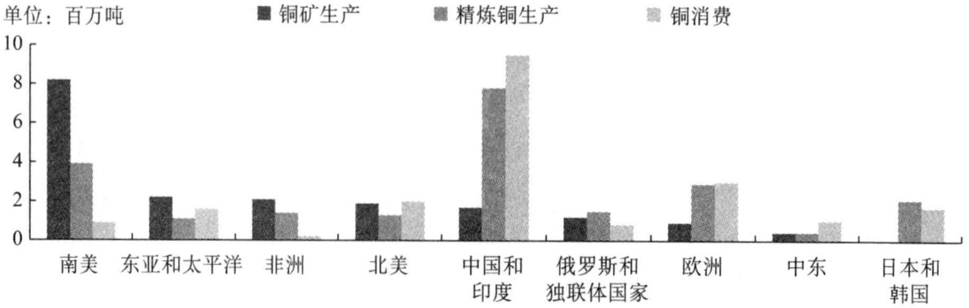

资料来源：OECE，2010；SEADI，2013；Johnson和Noguera，2012；Hausman、Klinger和Lawrence，2007；美国地质调查局金属和矿物调查2013；铜数据来自印尼能源和矿物资源部。

注：东亚和太平洋地区不包括中国、日本和韩国。

资料来源：根据加纳公共利益和问责委员会（2012）报告改写。

重视采矿和未加工矿产品的出口，并将相关收入用作提高生产力的投资，这样做有可能促进增长。智利的铜业管理经验是个很好的例子。智利是全球最大的铜出口国，2012 年占全球铜出口的 40% 以上，但从 20 世纪 80 年代以来，智利并没有将国内铜产品加工作为重点，而是将铜精矿以大宗商品的形式出口到中国和印度，在那里进行冶炼。专栏 8.3 讨论了智利的成功。

专栏 8.3　智利非资源性多元化的制度基础

智利并没有将发展目标定为工业制造和出口大国，而是根据自身的多元化资源基础，决定发展更有活力、更加多元化的大宗商品出口行业。智利取得成功的重要因素之一是宏观经济有效地趋于稳定。智利也非常重视改善商业环境，其“经商”指数目前在拉美国家中排名第一。此外，20 世纪 80 年代以来，智利执行了一系列“横向”即行业中性的产业政策，包括拓宽中小企业融资渠道的政策，通过建立小企业担保基金，为私营金融机构的中小企业信贷提供一定比例的担保。另外，通过出口促进机构 ProChile 提供另一项重要的“横向”公共品，即不分行业地全面促进出口。

采矿业特许经营费的 3% 被指定用于商业创新，由私营企业、半公共的 Fundación Chile 和大学—私营企业联盟使用。鼓励商业创新的政府机构 Innova Chile 开展了一系列活动，包括（1）向中小企业提供技术援助，包括为采用新技术拨款；（2）向制定规范和开发基础设施的商业联盟、商业中心和基金会拨款；（3）支持商业节点，也就是致力于将公司的技术需求与国内外供应商连接在一起的小型行政办公室；（4）支持商业孵化器；（5）支持 gazelle 企业（有爆炸性增长潜力的企业）；（6）商业创新，包括为各公司的创新提供支持，向开发新技术的公司—大学研究所联盟拨款。

Fundación Chile 向新领域的高风险项目即私营部门不太可能以最优规模提供资金的项目提供资金。该基金会在智利的条件下成功移植了挪威的三文鱼养殖技术，使智利拥有了一种新的主要出口品，这一重大成功使该基金会备受赞誉。Fundación Chile 发掘一种观念，并将之发展和转化成商业机会的步骤如下：首先，识别一项已经在国外取得盈利但并未在国内推广的产品、技术或服务。其次，购买生产技术（及其牌照，如果有关），研发后在国内环境中采用。如果这一步说明该产品或工艺有商业可行性，就根据产品特征和技术要求扩大生产。

资料来源：Agosin、Larrain 和 Grau，2010；Benavente，2006；Gelb，2011。

针对以采掘行业为主导的经济多元化，各个国家采取了不同的方式，取得不同程度的成功。努力发展必要条件，促使国内公司发展为该行业具有国际竞争力的企业的国家，其地方资源开发都取得了成功。以加强采掘行业与整体经济的联系为最终目标的国家，如果采取旨在促进下游产品价值增加的采掘业政策，在某些情况下只取得有限成功。智利的案例（专栏8.3）说明，要成功实现非资源性多元化，也许有必要进行更广泛的制度基础建设。

附录 A

确保资源合同的有效执行：指导性原则检查清单

为什么需要一份检查清单？

下面一系列问题或许可供财政部官员作为指导性的参考，以确保他们能够意识到资源合同管理中可能影响到预算制订和预算执行的一些关键问题（这份问题清单并未包含所有的问题，也未按其重要性进行排列。依据具体的国家和采矿项目的情况，可能意味着资源合同执行时会凸显这里没有提到的其他问题。）

资源收入的征收

- *为资源收入收义务建立数据库。*是否已建立协调统一的数据库，将所有与某个矿产/石油开采项目相关的财政义务项目，如税率、采矿费、签名要求和超额生产奖金等纳入其中？由谁负责维护数据库，以确保任何经重新谈判商定的合同条款都能及时体现在数据库中？
- *核实产量和出口量数据。*负责监督运营和生产活动的相关技术部门是否已对税务征收负责部门的资源产量和出口量数据进行了核实？两者之间是否有不符之处，对此是否定期进行了核对？
- *检验出口资源的质量。*依据出口矿产品质量（如矿石等级差异）的不同，矿产品价格会发生显著的差异，并由此影响到公司利润。因此，矿产资源部（或其他相关技术部门）需对出口矿产品的质量进行检验和监督。税收负责部门是否与相关技术部门进行了协调，以确保计算以利润为基础的税收时所使用的矿产品价格与出口矿产品的质量相符？

- *分析资源收入征收的历史数据*。对资源收入征收的历史数据是否已进行过分析，以发现潜在的征收缺口，如持续低迷的收入源（即实际税收显著低于预期税收的薄弱环节）？针对上述环节，是否已采取系统化措施以解决问题？
- *资源收入的资金流*。对资源收入的资金流是否有明确的了解，对各种不同的资源收入账户是否定期进行会计调节？例如，所有的收入是否由最主要的税务部门转移到一个国库账户（统一的基金）？或者由具体部、司、处（MDA）负责对各个收入源征收税款，上述机构是否将税收存入商业银行，而后再将资金转移到国库？

资源收入预测和宏观财政规划

- *核实关于矿产品价格的假定*。预测中期资源收入时所使用的矿产品价格假定是否实际、透明，且已经过与矿产资源部和其他相关技术部门协商？（欲详细了解应用于预算目的的矿产品价格，请参见 Ossowski 和 Halland［即将发布，2015］的《经济学家、公共财政专业人士和政策制定者须知》第二卷，“资源丰富国家的财政政策”）
- *核实产量和出口量预期数据*。宏观财政框架以及国民核算预期所使用的矿产品产量和出口量预期数据，是否已经过所涉及的技术部门，如矿产资源部等的核实？
- *对生产风险和矿产品价格波动风险的体现*。中期宏观财政规划中是否已体现了资源收入的征收所面临的（由生产和出口过程中固有的运营风险所引发）生产风险，以及全球性大宗商品价格波动的风险？例如，预算框架文件是否考虑到矿产品价格跌至预期水平以下的可能，并已分析了相应的节约支出或额外举借债务等战略性预算选择？（参见《经济学家、公共财政专业人士和政策制定者须知》第二卷，“资源丰富国家的财政政策”）
- *石油或采矿项目的生命周期*。对中长期资源收入的预期，是否已考虑到石油或矿产开采项目典型的项目周期？以采矿费为例，由此产生的税收在整个项目过程中通常都会维持在稳定水平，但以利润为基础的税收，则需等到所有资本支出已被摊销完毕时才会达到一定规模，而这时项目可能已进行了数年。
- *年度税收收入“进账”的时间*。年内税收收入“进账”的时间是否已经明确？在那些严重依赖资源收入，而国内金融市场却很不发达、又没有能力举借外债的国家，这一点尤为重要。为使流动性的管理不致失调，能够保证连续性的支出，一年期内的短期借债能及时偿还，须考虑到税收收入“进账”的时间。

- *外汇和国际收支平衡*。是否能确定资源收入交易中的外汇比例，以及企业在生产前期对所在国的潜在投资，以有助于制定宏观财政计划和预测国际收支平衡情况？

支出和或有负债管理

- *税收分成和支付*。某些资源的合同明确规定，需将一定比例或一定量的资源收入转移给某些特定地区、地方政府或具体的部、司、处（MDA）等政府部门。相关的地方政府或政府部门是否已明确并核实了这些或有负债，且在中期支出框架（MTEF）中对这些信息适当予以体现？对于资源收入征收波动有可能给中央预算支出造成的额外压力，是否已有所了解？
- *社区开发基金项目*。有些时候，资源合同会对建立社区开发基金做出明确规定并要求公司予以支持，基金可能包含涉及当地社区的项目（参见本卷第六章，关于社区基金会、信托和基金的部分）。这些项目是否与该地区乃至该国更大范围的公众投资项目协调一致？此外，中央政府对这些项目的资助要求，具体到相对应的资助和经常性维护成本，是否均已确定无误？
- *以资源换取基础设施以及经常性费用*。资源开采项目往往涉及辅助性基础设施的建设，合同中可能也会包含以基础设施建设换取资源开采的规定。本卷正文详细探讨了以矿产资源换取基础设施（RFI）的协议将如何潜在地影响公共财政管理（参见第七章第二节）。值得注意的是，中长期内，政府必须为维护基础设施所产生的经常性费用创造出财政空间。
- *移民搬迁和安置成本*。资源合同的条款可能会明确规定应如何搬迁和安置因资源开采而直接受到影响的社区居民。公司是否做到了遵守条款，安置成本是否会给政府带来潜在的或有负债？
- *准确评估或有环境负债*。对公司已提交的环境管理计划（EMP）是否已经过了分析，以确定因开采矿产资源而造成对环境的损害及由此产生的潜在负债？公司是否已与负责保护环境的专业技术部门（如环保部）协作，以评估损害的潜在范围和相关风险？一旦项目退役，所制订的财政担保安排是否足以覆盖所有潜在债务？

附录 B.1

资源分类框架

四种分类准则

在绝大多数有矿业公司的证券交易的国家，其证券交易法和国民核算体系，都对术语“资源”和“储量”进行了规范。

报告标准改革启动于20世纪90年代初，时至今日，自然资源量的报告主要采取的是四种分类准则。

矿产储量国际报告标准委员会（CRIRSCO）的分类准则侧重于矿产资源，石油工程师协会石油资源管理系统（SPE—PRMS）则侧重于碳氢化合物。

同时，联合国化石能源和矿产储量及资源量框架分类2009（UNFC—2009），和环境经济核算体系2012（SEEA—2012）则适用于所有类型的矿产资源和碳氢化合物资源。

这些分类体系并非单纯只考虑地质标准，经济和技术标准也在考虑范围之内；这意味着，需依据新的地质知识、开采技术的进步，以及经济、法律和政治条件的变化，定期对库存的地质材料重新进行评估（经合组织，2014年）。

下文按顺序对这些分类体系一一进行探讨，其中大量汲取了经济合作与发展组织（OECD）近期的综合性工作（经合组织，2014年）。

矿产储量国际报告标准委员会（CRIRSCO）

矿产储量国际报告标准委员会（以下简称CRIRSCO）框架专门适用于

矿产资源，与主要矿产国和交易采矿股票的证券交易所的报告要求相一致。CRIRSCO 框架被用于大部分公开上市采矿公司报告的矿产资源和储量。证券交易所上市的采矿公司与 CRIRSCO 框架兼容的账户总价值，占采矿行业上市资本的 80% 以上（CRIRSCO，2015 年）。[1]

如图 B. 1. 1 所示，CRIRSCO 分类框架为二维体系，纵轴为“地质置信水平”，横轴为“影响因素”，对应资源价格和法律限制等多项社会经济因素。

注意决不可混淆“资源”与“储量”——报告规范涵盖了包含和剔除储量的资源的报告要求。[2]

CRIRSCO 规范依据探明矿产资源地质特点的置信水平将矿产资源分为推断的、标示的、测定的等类别。此外，若“转换因素”（即采矿、加工、冶金、基建、经济、市场、法律、环境、社会和政府因素）显示矿床开采有利可图，则测定和标示的资源可在不新增地质信息的情况下，转换（或分次级）为证实或可信的资源。

宣布矿产储量要求合格人员对未来做出合理预期。而在规划的衰竭期内（可从 5 年至 20 年或更久），一些转换因素也会发生变化。因此，一个特定矿床是否可被视为经济可行，取决于开采周期以及对未来的成本、

图 B. 1. 1　CRIRSCO 矿产储量和资源分类框架

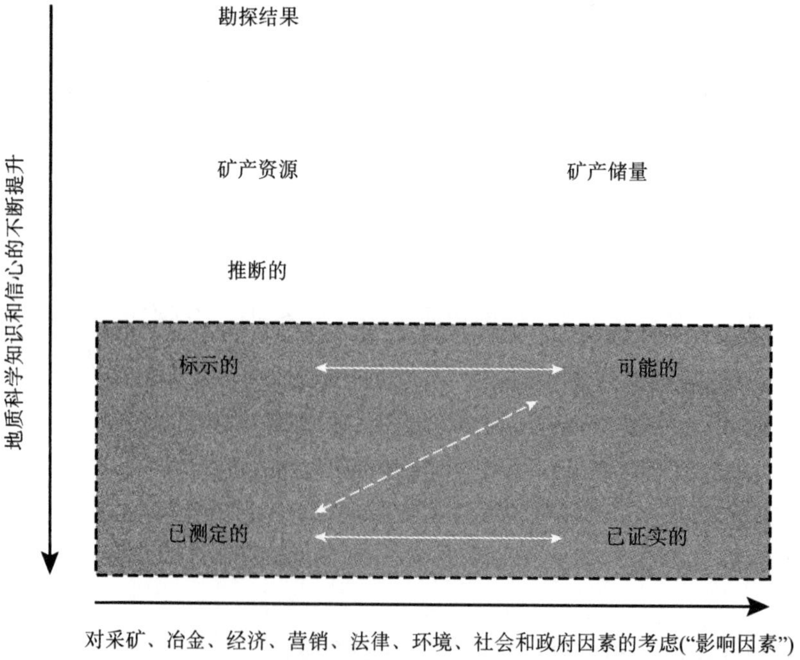

资料来源：改编自 CRIRSCO，2015 年。

价格、法律法规、社会和环境政策的假定。评估某些不确定的转换因素时，可采用为那些有类似成本结构的地区开发的统计或工程成本模型。其他转换因素则需在具体国情的基础上，根据税费、采矿费、社会政策和环境法规确定。CRIRSCO 框架下的分级分类定义参见专栏 B. 1. 1。

下列定义源自 CRIRSCO 2013 报告模板的原文。定义可能会变化，因此我们鼓励读者访问 CRIRSCO 网站加以详细了解。

专栏 B. 1. 1　CRIRSCO 分类体系的定义

*已证实的矿产储量*是测定矿产资源量中的经济可采部分。已证实的矿产储量意味着高置信水平的转换因素。已证实的矿产储量代表储量估算中的最高置信水平。

*可能矿产储量*是标示矿产资源量中的经济可采部分，某些情况下是测定矿产资源量的经济可采部分。适用于可能矿产储量之转换因素的置信水平，低于用于已证实的矿产储量之转换因素的置信水平。

*已测定的矿产资源量*是指可以以足够置信水平来估算其数量、品位或品质、密度、形状和物理特点，并进而采用转换因素来支持矿区具体规划和矿床经济可行性最终评估的那部分矿产资源量。地质证据得自于详细可靠的勘查、采样和测试工作，足以确定观察点之间的地质和品位或品质连续性。已测定的矿产资源量的置信水平高于标示矿产资源量或推断矿产资源量。它可以转化成已证实的矿产储量或可能矿产储量。

*标示矿产资源量*是指可以以充分的置信水平来估算数量、品位或品质、密度、形状和物理特点，并进而采用充分详细的转换因素来支持矿区具体规划和矿床经济可行性最终评估的那部分矿产资源量。地质证据得自于充分详细可靠的勘查、采样和测试工作，足以假定观察点之间的地质和品位或品质连续性。标示矿产资源量的置信水平低于已测定的矿产资源量，只能转化为可能矿产储量。

*推断矿产资源量*是指基于有限的地质证据和采样数据来估算其数量和品位或品质的那部分矿产资源量。地质证据足以暗示但不能验证地质和品位或品质的连续性。推断资源量的置信水平低于标示矿产资源量，不可转化为矿产储量。可以合理预测的是，经过继续勘查，大部分推断矿产资源量都会升级为标示矿产资源量。推断矿产资源量的置信水平低于标示矿产资源量的置信水平。

资料来源：CRIRSCO 报告模板（2013 年）。

国际石油工程师学会石油资源管理系统（SPE—PRMS）

国际石油工程师学会（SPE）石油资源管理系统（PRMS）（以下简称SPE—PRMS）是用于原油和天然气报告的主要分类系统。SPE—PRMS 基于下述两点之间的明确区别：（1）已经（或将要）实施的从一个或多个石油聚集中开采石油的开发项目，特别是项目的商业化机会；（2）这一开发项目未来可生产和出售的预期石油量的不确定性范围。[3]

SPE—PRMS 系统（正如 CRIRSCO）用二维框架定义地质和经济因素：纵轴对应资源的商业化程度，横轴则对应地质不确定性范围。

纵轴按商业机会将项目分为三个类别：储量（Reserves），有条件潜在资源（Contingent Resources），远景资源（Prospective Resources）。例如，划分为储量类别的项目需满足所有的商业化要求。

横轴则按照项目可采量的地质不确定性范围定义至少三种估算量。依据储量/资源的商业化程度，这些估算量被称之为证实储量、概算储量和可能储量——或低估算量、最佳估算量和高估算量。图表 B. 1. 2 概述了 SPE—PRMS 的主要原则。

图 B. 1. 2　SPE—PRMS 碳氢化合物资源分类框架

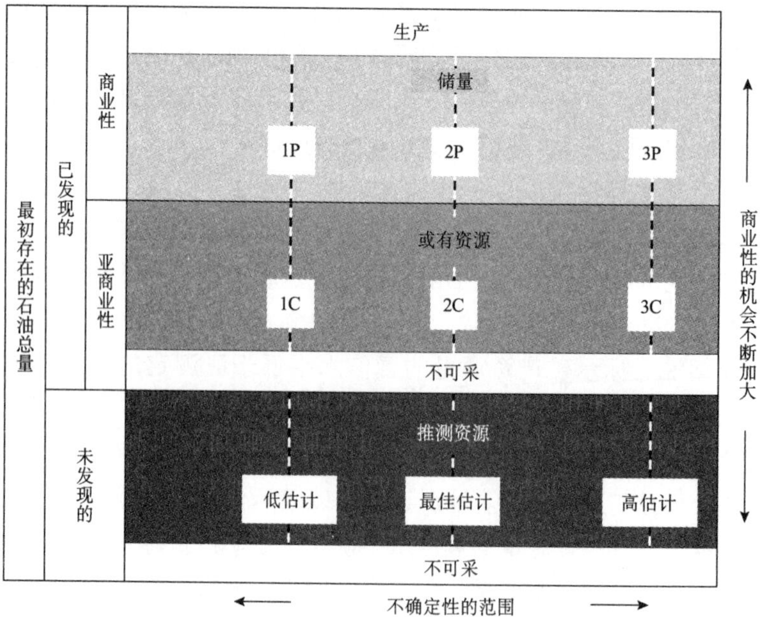

资料来源：石油工程师学会及其他，2011 年。

注："不确定性范围"反映了一个项目从某一石油聚集中潜在可采数量的评估范围。"商业化机会"反映了该项目投入开发和达到商业生产状态的概率。1P = 证实储量；2P = 证实储量加上概算储量之和；3P = 证实储量加上概算储量加上可能储量之和。

专栏 B.1.2 更详细地探讨了与 SPE—PRMS 框架下的分级分类对应的定义。

下列定义源自石油工程学会及其他来源（2011 年）。定义可能会变化，因此我们鼓励读者访问石油工程学会网站加以详细了解。

专栏 B.1.2 SPE—PRMS 分类的定义

储量是在规定的条件下，从一个给定日期之后，通过对已知的石油聚集实施开发项目，预期可商业开采的石油数量。储量必须符合四项标准：（1）已发现的；（2）可采的；（3）商业的；（4）开发项目的可采量（截至评估日期）是剩余的。储量可根据估算量的确定性水平进一步细分，根据项目成熟度划分子级，和/或根据开发及生产状态划分子类。

- **证实储量**（1P）是通过地球科学和工程数据分析，在规定的经济条件、作业方法和政府制度下，从一个给定日期起，能合理确定地可商业开采的估计油气量。如果采用决定性法，"合理的确定性"旨在表示有高可信度可采出的数量。如果采用的是概率法，实际的采出量等于或超过估算量的概率至少有 90%。
- **概算储量**是通过地学和工程数据分析表明其采出的可能性小于证实储量的附加储量，但相比可能储量有更多被采出的确定性。实际剩余的可采量有同等的可能性会大于或小于证实储量加上概算储量之和（2P）。因而，当采用概率法时，实际采出量等于或超过 2P 估算量的概率应至少有 50%。
- **可能储量**是通过地学和工程数据分析表明其采出的可能性小于概算储量的附加储量。项目的最终总可采量超过证实储量加上概算储量加上可能储量的和（3P）具有低的概率，这相当于高估算量的情景。当用概率法时，实际的采出量等于或超过 3P 估算量的概率应至少有 10%。

或有资源是指截至一个给定日期，通过开发项目的实施，从已知油气聚集中潜在可采出的石油估算量，但由于一个或多个不确定条件，目前还不能考虑商业开采。或有资源可以包括像目前没有可行市场的项目，或商业开发有赖于技术改进的项目，或对油气聚集的评价不足以明确评估其商业性的项目。根据相应的评估确定程度，或有资源可以进一步分类，并根据项目成熟度进一步划分子级和/或根据其经济状态加以描述。

专栏 B. 1. 2　SPE—PRMS 分类的定义（续）

推测资源是截止一个给定日期，通过未来开发项目的实施，未发现的石油聚集中潜在可开采的石油估算量。推测资源有相关的发现概率和开发概率两个因素。假设推测资源可发现和可开发，按照可开采的评估确定性程度可进一步分类，也可按项目成熟度进一步分级。

未发现石油原地量是截至一个给定日期在未发现石油聚集中的石油估算量。

不可采量是截止一个给定日期估计的未来开发项目不能采出的已发现或未发现的油气藏中原地资源量。一部分不可采量在将来由于经济和技术条件的变化，可能转化为可采量，但剩余部分则由于地下流体和储层的相互作用所代表的物理和化学方面的限制，可能永远都不会被采出。

资料来源：石油工程学会及其他，2011 年。

联合国化石能源和矿产储量及资源量分类框架，2009

UNFC—2009 是一个三维分类系统，明确定义了社会经济存续性以及地质和项目可行性等标准。UNFC—2009 是 20 世纪 90 年代设计的第三套主要用于对能源和矿产储量及资源量进行分类/评估的通用的导向系统。与 SPE—PRMS 系统不同，这一分类系统被视为一个伞形系统，既适用于化石能源，也适用于矿产资源。

UNFC—2009 基于三个维度。第一个类的集合（E 轴）是按该项目的商业活力的社会和经济条件的有利程度设定的，包括考虑市场价格和相关的法律、规章、环境和契约条件。第二个类的集合（F 轴）是按研究的深度和对实施采矿计划或开发项目的承诺设定的。这个轴所表达的研究从发现矿床和（油气）聚集之前的初期的勘查阶段，直到通过一个项目确信存在可采掘和销售的矿产为止都需要进行，它反映了标准的价值链管理原则。第三个类的集合（G 轴）是按地质知识的可信度和数量的潜在可回收性设定的。图 B. 1. 3 概述了这一系统的主要原则。

图 B. 1. 3　UNFC－2009 体系：主要原则

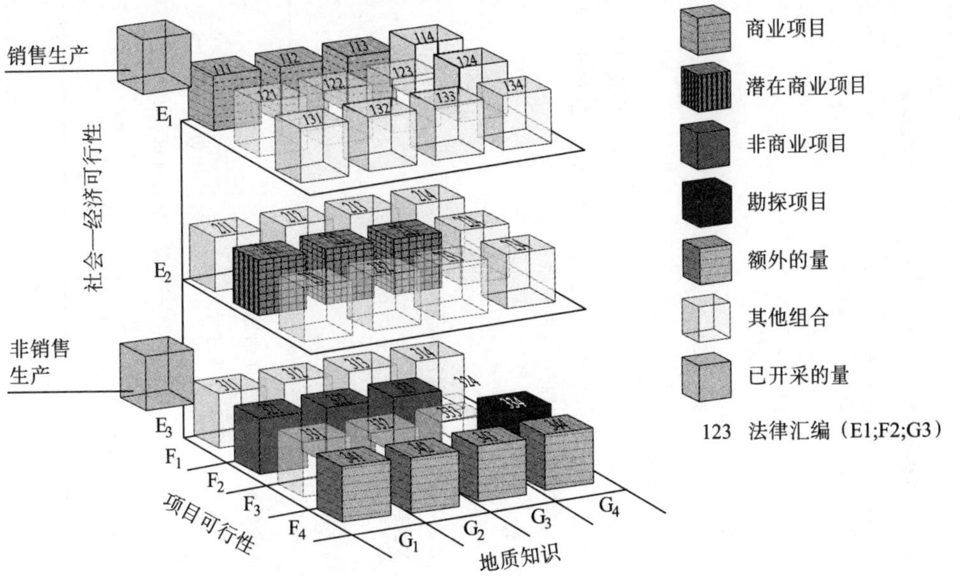

资料来源：联合国欧洲经济委员会，2010 年。

注：E1 ＝已确认采掘和销售具有经济活力。

E2 ＝期望在可预见的未来采掘和销售具有潜在的经济活力。

E3 ＝在可预见的将来，不能期望采掘和销售具有经济活力；或评价处于早期阶段，确定其经济活力为时过早。

F1 ＝对一个已制定的开发项目或采矿计划，采掘的可行性已确认。

F2 ＝对一个已制定的开发项目或采矿计划，采掘的可行性需做进一步的评价。

F3 ＝由于技术数据有限，对一个已制定的开发项目或采矿计划，采掘的可行性不能进行评价。

F4 ＝未确定开发项目或采矿计划。

G1 ＝属于已知矿床的矿量，对其估计具有高置信度。

G2 ＝属于已知矿床的矿量，对其估计具有中等置信度。

G3 ＝属于已知矿床的矿量，对其估计具有低置信度。

环境经济核算体系 2012

环境经济核算体系 2012（SEEA—2012）为可再生和不可再生自然资源的环境核算及将其与官方经济数据整合设定了参数。这一体系为报告自然资源存量提供了新的分类框架。探明矿床分为三级，每一级都是按照 UNFC—2009 中的标准综合定义（参见表 B. 1. 1）：

- A 级：商业可采资源。这一级包括的矿床是：项目属于 E1 和 F1 类，并且地质认识程度的可信度较高（G1）、中度（G2）或较低（G3）。

表 B.1.1　SEEA－2012 分级和相关 UNFC－2009 类别

	SEEA 分级	UNFC－2009 中相应的项目类别		
		E 经济和社会存续性	F 矿场项目状态和可行性	G 地质认识程度
探明矿床	A:商业可采资源	E1. 开采和销售被确认为经济可行	F1. 开发项目或采矿作业的开采可行性已确认	能以较高(G1)、中度(G2)或较低(G3)的可信度估计探明矿床内的数量
探明矿床	B:潜在商业可采资源	E2. 预计开采和销售在可预见的未来将变得经济可行	F2.1 正在进行的项目活动是为判断在可预见的未来是否值得开发 或 F2.2 项目活动停滞和/或对商业开发的评价可能明显延迟	
探明矿床	C:非商业和其他探明矿床	E3. 开采和销售在可预见的未来并非经济可行,或评估尚处于较早阶段,不能确定经济存续性	F2.2 项目活动停滞和/或对商业开发的评价可能明显延迟 或 F2.3 由于潜力有限,当前没有计划开发或获得更多的数据 或 F4. 没有确定开发项目或采矿作业	
潜在矿床(不包括在 SEEA 中)	勘探项目 原地新增数量	E3. 开采和销售在可预见的未来并非经济可行,或评估尚处于较早阶段,不能确定经济存续性	F3. 由于技术数据有限,无法评估通过一个规定的开发项目或采矿作业进行开采的可行性 或 F4. 没有确定开发项目或采矿作业	潜在矿床内数量的估计主要是基于间接证据(G4)

资料来源:改编自 OECD,2014 年。

- B 级：潜在商业可采资源。这一级包括的矿床是：项目同时属于 E2（或最终为 E1）和 F2.1 或 F2.2 类，并且地质认识程度的可信度较高（G1）、中度（G2）或较低（G3）。
- C 级：非商业和其他探明矿床。包括的资源是：项目属于 E3 且其可行性在 F2.2、F2.3 或 F4 类，并且地质认识程度的可信度较高（G1）、中度（G2）或较低（G3）。

这些矿床不包括潜在矿床，即并未期望这些矿床变得经济可行，且缺乏信息来确定开采可行性或判断地质认识程度的可靠性。表 B.1.1 概述了 UNFC 标准下如何定义资源类别。

附录 B.2

经济租金的类型

霍特林租金，或用户成本

1931 年，美国经济学家哈罗德·霍特林发表了一篇题为《耗竭性资源经济学》的经典文章。文章指出，那些依赖不可再生性资源的公司与开采可再生或无限性资源的公司表现不同。霍特林指出，利用不可再生性资源以产出固定量的矿产品或碳氢化合物产品的企业，除生产成本以外还需付出机会成本。因为只要现在多增加一个单元的产量，而不是把所需矿产资源埋藏在地下，就意味着丧失一部分未来可开采的矿产资源（Otto 及其他人，2006）。

这一机会成本又称“霍特林租金”或“用户成本”，特指由于现在多开采一个单位的矿产资源而丧失的未来利润的净现值（NPV）。在这一思维模式下，一旦产品的市场价格达到最新一个单元的生产成本加机会成本的水平，追求利润最大化、自由竞争的矿产品生产企业就不会再增加产量。因为市场价格只要超过这一水平，企业就可停止当前的生产而把矿产资源留待未来，从而扩大利润。

霍特林租金并非真正的“租金”，对其征税具有扭曲性。一些作者更喜欢称其为“用户成本”而非“霍特林租金”。因为如果市场价格不足以负担当前生产成本外加上述机会成本，追求利润最大化的生产者就有动机停止生产，以便将资源留在地下以待未来。这样看来，用户成本（或称霍特林租金或稀缺租金）体现了真正的成本，而不属于真正的经济租金。因此，以税款的形式征收这一租金从短期和长期来看都具有扭曲性，不利于经济行为的最优化和资源的有效配置（正文中的图 2.3）。

尽管学术界对霍特林租金有极大兴趣，并将其纳入耗竭性研究的理论模型，但与李嘉图租金或准租金相比，霍特林租金即便存在，也往往微不足道（参见 Halvorsen 和 Smith，1991 年）。在行业决策时，更确切地讲，在资源耗竭的应对过程中常被忽略。因此，谈到“租金”的概念时主要指的是李嘉图类型的租金。不过，在某些市场（如石油、钾/磷，乃至直到最近的钻石市场），垄断/寡头垄断租金都会存在，而且具有实质性影响。

李嘉图租金

谈到资源租金的古典主义经济学理论，我们便会联想到英国经济学家大卫·李嘉图（David Ricardo），他对经济租金进行了开创性的研究。他在 19 世纪初曾写道，可依据肥力对耕地分类：实现一定量的粮食产出，头等肥沃的土地所需成本低于二等土地；类似地，二等土地所需成本又低于三等土地，以此类推。假设其他所有因素相同，耕地所固有的产力（而不是农民耕作技能的）差异，会使得对耕作头等土地的农民可收取的地租高于二等和三等土地。

类似地，在开采行业中，李嘉图租金一般被定义为因地下资源特质各异而产生的差异化租金。某些相比其他资源更优质的地下资源，会表现出生产成本更低或出产产品价格更高的优势特点，或两点优势兼备。举例来说，某种李嘉图租金可体现为规模、品位、加工难易程度或位置方面的优势。

理论上，可以以税款的形式将李嘉图租金全部收取而无需影响决策；但许多实际情况下，经济学家和政府会将李嘉图租金与霍特林租金和准租金错误地混淆。后者之所以被视为“租金”，是因为我们在实际操作中只会计算开采公司的年利润，而忽略投入于勘探和设施建设的历史投资。李嘉图在《政治经济学及赋税原理》（1821 年）中，对地租做出了严格缜密的解释，并简略提及了准租金的概念（参见专栏 B. 2. 1）。

准租金

体现资本回报和其他固定成本的准租金只能短期存在。长远看，不能收回固定成本的矿井或石油和天然气工厂将会倒闭。因不完全市场产生的往往属于短期性质的回报可以归为准租金。垄断、寡头垄断或买方垄断租金，指的是市场支配力使得一个或几个占主导地位的卖方有能力将市场价格提高至竞争市场应有水平以上（或在买方垄断的情况下，降低至应有水

专栏 B.2.1 1821 年大卫·李嘉图在《政治经济学及赋税原理》中概括的租金

“地租是为使用土地的原有和不可摧毁的生产力而付给地主的那一部分土地产品……但它往往和资本的利息与利润混为一谈。在通俗的说法中，农场主每年付给地主的一切都用这一名词来称呼。假定有两个相邻的农场，其面积相等，自然肥力也相同；其中一个具有农场建筑的各种便利条件，而且排水施肥也很得宜，又有围墙篱笆便利地分隔开来；另一个却全然没有这些设施，那么，使用前者所付报酬自然会比后者多，然而两种情形下所付的这种报酬却都会被称为地租。但是很明显，在对经过改良的农场所支付的货币中，只有一部分是付给土地的原有和不可摧毁的生产力的，另一部分则是由于使用原先用于改良土壤以及修建为获取和存贮产品所必需的建筑物的资本而支付的。”（《政治经济学及赋税原理》，大卫·李嘉图著，商务印书馆，1962 年版，下同）

论及矿山租金时，李嘉图写道：

“金属和其他物品一样是由劳动取得的。诚然，它们是自然界所产生的，但把它们从地底下采掘出来并加工以供使用却是人类的劳动。”

“矿山和土地一样，一般都对其所有者支付租金。这种租金也和地租一样，都是产品价值高昂的结果，而绝不是它的原因。”

“如果同等富饶的矿山很多，任何人都可以占有，它们就不可能产生租金；矿产品的价值就会取决于从矿中采掘金属并运上市场的必需的劳动量。”

“被开采的最贫瘠矿山所产的金属所须具有的交换价值，至少要足以为垫支经营所需资本的人提供一般的利润。这种最贫瘠而不支付地租的矿山的报酬规定了一切其他生产力较大的矿山的租金。这种矿山应能提供一般的资本利润。其他矿山所生产的超过这一数额的产品便必然会全部付给矿山的所有者作为租金。由于这一原理和前面关于土地方面的原理完全相同，所以无须详加讨论。”

平以下)，从而产生的那部分价值。例如石油行业中欧佩克组织的做法就会产生寡头垄断租金。如果一家矿井成为该地区唯一的雇主，从而有能力以原本不可能的低价购买劳动力，买方垄断租金就会出现。冶炼厂和精炼厂有赖于规模经济，因而也会产生买方垄断租金。

附录 B. 3

收入变化对矿产品需求的影响

矿产品需求如何调整?

矿产品需求对商业周期性波动所引发的短期性收入变化十分敏感。消耗金属和其他原材料的经济部门主要有资本设备、基建、运输以及耐用消费品等等。经济繁荣时，这些行业就会蓬勃发展，而经济下滑时，对上述商品的支出就会显著减少。

长远来看，矿产品需求也会随经济结构的长期性变化而调整。如图 B. 3. 1. 1 和 B. 3. 1. 2 所示，当一个经济体逐步由农业经济向以服务业为主的经济转变时——如图中程式化的“库兹涅茨事实”所示（图 B. 3. 1），其结构转型会使“物质使用强度”（IU，矿产品需求占 GDP 国民经济总值的比重）呈现出倒 U 型的关系曲线。这是由于当各国启动工业化进程时，会投资于基础设施、制造业和加工工业——正如在中国，促使矿产品消耗量增加的主要是大规模城镇化和由此引发的物质使用强度增加（Malenbaum，1975，1978）。然而随着更进一步的经济增长，对“工业化”原材料的需求开始减少，取而代之的是维系人类制造的实物资本存量的努力——服务业日益成为强力拉动经济增长的引擎。

物质使用强度（IU）是一种可用于评估金属或能源产品需求如何随时间推移而变化及其在各国之间有何差异的简便易行的方法。尽管如此，这种方法也有其缺陷。最重大的缺陷乃是物质使用强度仅取决于人均收入，因此两者之间为线性关系的默认假设。然而原材料价格的变化、新技术的采用以及其他不受人均收入支配的因素也会影响物质使用强度。这就意味着物质使用强度与人均收入之间真正的倒 U 型关系曲线，会随时间的推

图 B. 3. 1　通过 18 至 20 世纪美国农业、制造业和服务业就业份额阐明的“库兹涅茨事实”

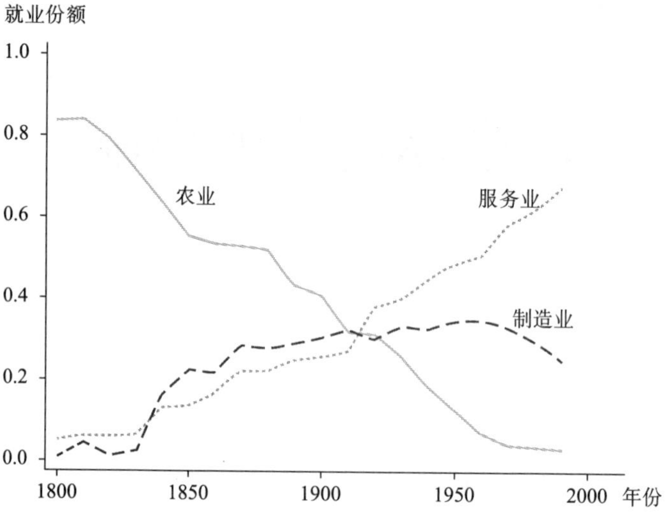

资料来源：Acemoglu，2008。经普林斯顿大学出版社许可重印。

移、由于采用新的节约资源技术而下移。但原材料被替代和新技术的应用，偶尔也会使物质使用强度曲线上移。专栏 3. 1 提供了将物质使用强度的研究方法应用于中国的例子。

专栏 B. 3. 1　中国的长期增长和结构性改变：物质使用强度研究的应用

像许多开采行业公司一样，英美资源集团（Anglo American plc）希望凭借物质使用强度的研究方法更准确地预测对其所生产的矿产品长期需求的变化。图 B. 3. 1. 1 标出了生产每单位 GDP 所需某种矿产品的数量如何随着以人均 GDP 为代表的经济活动变化而变化的 IU 曲线关系。该图的用处在于人们可以借此通过国民经济增长预期，预测对矿产品的需求。

全球最大的采矿公司之一英美资源集团指出，随着中国城镇化和工业化进程不断深入，由投资密集型经济向消费型经济转变，对钢材（如铁矿石、铁铬合金）等某些矿产品的需求增长预计将会放缓。

消费相对于投资而增加的这种转变，预计将促使金刚石（受奢侈品需求增长的带动）和铂类金属（受汽车需求增长的带动）等奢侈品或非必需类商品需求以更强劲的速度增长。

虽然物质使用强度的概念有其学术吸引力，但它也有局限。比如每一个国家都有自己的特点，虽然也有普遍趋势，但一个国家的原材料使用强度不会跟另一个国家完全相同。从图 B. 3. 1. 2 中可以明显地看出这一点，

专栏 B. 3. 1　中国的长期增长和结构性改变：物质使用强度研究的应用（续）

图中显示了中国当前的钢使用强度相对于其他发达国家的情况。因此物质使用强度很特别，它不但取决于所涉及的矿产品，而且根据具体国家而变化，要想根据物质使用强度进行准确的预测是很困难的。

图 B. 3. 1. 1　中国各种矿产品的物质使用强度曲线

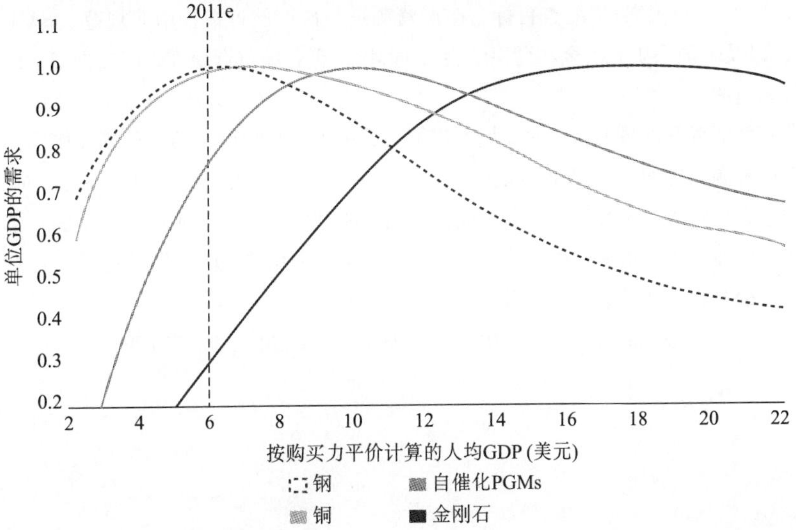

资料来源：英美资源集团，2012。

图 B. 3. 1. 2　部分国家的钢材消耗强度和 GDP，1900—2011

单位：人均每公斤粗钢生产

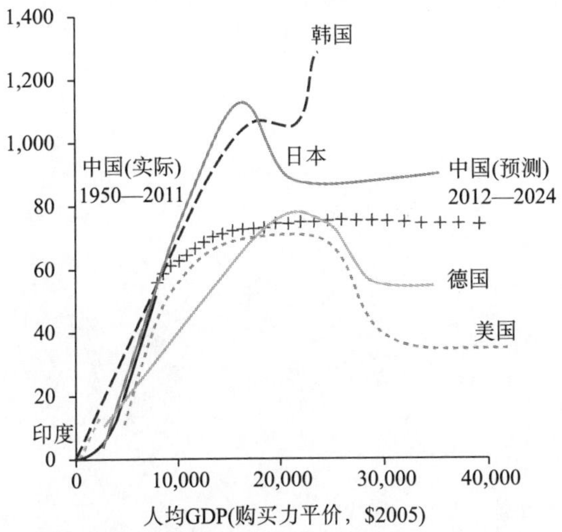

资料来源：力拓集团 2013 年。

注：

[1] 矿产储量国际报告标准委员会（CRIRSCO）于 1994 年由采矿与冶金协会理事会（CMMI）发起成立；由来自澳大利亚联合矿石储量委员会（JORC），加拿大采矿、冶金和石油学会（CIM），智利国家委员会（National Committe），欧洲泛欧储量和资源量报告委员会（PERC），蒙古地质科学和采矿专业学会（MPIGM），俄罗斯底土使用专家学会（NAEN），勘查目标、矿产资源量与矿产储量报告南非规范（SAMREC），以及美国采矿、冶金和勘探学会（SMME）等各国负责制订矿产报告规范的组织代表组成。

[2] 在阅读有关资源和储量的说明时应始终谨慎，其中可能列出已包括或已剔除矿产储量的矿产资源。例如，依据加拿大报告标准："在同时报告矿产资源和矿产储量时，在报告中必须包含一份澄清说明书，明确地指出矿产储量究竟是矿产资源量的一部分，还是已经从矿产资源量中剔除。在同一报告中应采用单一的报告形式。"（加拿大采矿、冶金和石油学会，2014 年）

[3] http：//www. spe. org/industry/docs/PRMS_ Guidelines_ Nov2011. pdf，第 7 页。

参考文献

Acemoglu, Daron. 2008. "Structural Change and Economic Growth." In *Introduction to Modern Economic Growth*. Princeton, NJ: Princeton University Press.

Acemoglu, Daron, and James A. Robinson. 2006. "Economic Backwardness in Political Perspective." *American Political Science Review* 100 (February): 115–31.

Agosin, Manuel R., Christian Larrain, and Nicolas Grau. 2010. "Industrial Policy in Chile." IDB Working Paper Series No. IDB-WP-170, Inter-American Development Bank, Washington, DC.

Aguilar, Javier, and Greg Francis. 2005. "Cajamarca Mining Canon Project, Phase 1: Promoting Public-Private Partnerships in a Context of Mistrust." Unpublished note, International Finance Corporation, Washington, DC.

Ahmad, Ehtisham, and Eric Mottu. 2003. "Oil Revenue Assignment: Country Experiences and Issues." Chapter 9 in *Fiscal Policy Formulation and Implementation in Oil-Producing Countries*, ed. J. M. Davis, R. Ossowski, and A. Fedelino. Washington, DC: IMF.

Alexeev, Michael, and Robert Conrad. 2009. "The Elusive Curse of Oil." *The Review of Economics and Statistics* 91 (3): 589–98.

Anderson, George, ed. 2012. *Oil and Gas in Federal Systems*. London and New York: Oxford University Press.

Anglo American plc. 2012. *Anglo American plc. 2011 Annual Report*. London, England. http://www.angloamerican.com.

Ascher, William. 2008. Presentation at the UN Research Institute for Social Development workshop on "Financing Social Policy in Mineral-Rich Countries," Geneva, April 24–25, 2008.

Auditor General of South Africa. 2009. *Report of the Auditor General to the Parliament on a Performance Audit of the Rehabilitation of Abandoned Mines at the Department of Minerals and Energy, South Africa*. Auditor General of South Africa, Pretoria.

Baer, Katherine. 2002. "Improving Large Taxpayer's Compliance. A Review of Country Experience." IMF Occasional Paper 215, International Monetary Fund, Washington, DC.

Bawumia, Mahamudu, and Håvard Halland. Forthcoming, 2015. "From Boom to Gloom: Ghana's Oil Discovery and Its Effects on Fiscal Variables." World Bank Policy Research Working Paper, Washington, DC.

Benavente, Jose. 2006. "Wine Production in Chile." In *Technology, Adaptation, and Exports: How Some Developing Countries Got It Right*, ed. Vandana Chandra. Washington, DC: World Bank.

Berg, Andrew, Rafael Portillo, Shu-Chun S. Yang, and Luis-Felipe Zanna. 2012. "Public Investment in Resource-Abundant Developing Countries." IMF Working Paper 12/274, International Monetary Fund, Washington, DC.

BGS International. 2012. "Geodata for Development, A Practical Approach." In *EI Source Book*, ed. Peter Cameron and Michael Stanley. http://www.eisourcebook.org/.

Bleaney, Michael, and Håvard Halland. 2014. "Natural Resource Exports, Fiscal Policy Volatility and Growth." *Scottish Journal of Political Economy* 61 (5): 502–22.

———. Forthcoming, 2015. "Do Resource-Rich Countries Suffer from a Lack of Fiscal Discipline?" World Bank Working Paper, Washington, DC.

Bourguignon, François, and Thierry Verdier. 2000. "Oligarchy, Democracy, Inequality, and Growth." *Journal of Development Economics* 62: 285–313.

BP. 2008. "BP Statistical Review of World Energy." http://www.bp.com/liveassets/bp_internet/globalbp/globalbp_uk_english/reports_and_publications/statistical_energy_review_2008/STAGING/local_assets/downloads/pdf/statistical_review_of_world_energy_full_review_2008.pdf.

Brosio, Giorgio. 2003 "Oil Revenue and Fiscal Federalism." Chapter 10 in *Fiscal Policy Formulation and Implementation in Oil-Producing Countries*, ed. J. M. Davis, R. Ossowski, and A. Fedelino. Washington, DC: IMF.

Brunnschweiler, Christa N., and Erwin H. Bulte. 2006. "The Resource Curse Revisited and Revised: A Tale of Paradoxes and Red Herrings." CER-ETH Economics Working Paper Series 06/61, Center of Economic Research, ETH Zurich. https://ideas.repec.org/p/eth/wpswif/06-61.html.

Calder, Jack. 2010. "Resource Tax Administration: Functions, Procedures, and Institutions." In *The Taxation of Petroleum and Minerals, Principles, Problems, and Practice*, ed. Philip Daniel, Michael Keen, and Charles McPherson. London and New York: Routledge.

———. 2014. *Administering Fiscal Regimes for the Extractive Industries: A Handbook.* Washington, DC: International Monetary Fund. http://www.elibrary.imf.org/doc/IMF071/20884-9781475575170/20884-9781475575170/Other_formats/Source_PDF/20884-9781484386446.pdf.

Cameron, Peter, and Michael Stanley. 2012. *EI Source Book.* Oil, Gas, and Mining Policy Unit (SEGOM), World Bank Group; and Centre for Energy, Petroleum, and Mineral Law and Policy, University of Dundee. http://www.eisourcebook.org.

Central Bank of Russia. 2011. "Production Sharing Agreements." Paper prepared for the 24th meeting of the IMF Committee on Balance of Payments Statistics, Central Bank of Russia, Moscow, October 24–26.

CIM (Canadian Institute of Mining, Metallurgy, and Petroleum). 2014. "CIM Definition Standards—For Mineral Resources and Mineral Reserves." Document prepared by the CIM Standing Committee on Reserve Definitions, adopted by the CIM Council on May10, 2014. http://www.cim.org/~/media/Files/PDF/Subsites/CIM_DEFINITION_STANDARDS_20142.

Collier, Paul, and Anke Hoeffler. 2004. "Greed and Grievance in Civil War." *Oxford Economic Papers* 56: 563–95.

Corden, Max, and Peter Neary. 1982. "Booming Sector and De-industrialisation in a Small Open Economy." *The Economic Journal* 92 (December): 825–48.

CRIRSCO (Committee for Mineral Reserves International Reporting Standards). 2013. "International Reporting Template for the Public Reporting of Exploration Results,

Mineral Resources, and Mineral Reserves." http://www.crirsco.com/templates/crirsco_international_reporting_template_2013.pdf.

———. 2015. "About CRIRSCO." Committee for Mineral Reserves International Reporting Standards—Background (accessed March 20, 2015). http://www.crirsco.com/background.asp.

Dabla-Norris, Era, Jim Brumby, Annette Kyobe, Zac Mills, and Chris Papageorgiou. 2011. "Investing in Public Investment: An Index of Public Investment Efficiency." IMF Working Paper 11/37, International Monetary Fund, Washington, DC.

Daniel, Philip, Michael Keen, and Charles McPherson, eds. 2010. *The Taxation of Petroleum and Minerals, Principles, Problems, and Practice*. London and New York: Routledge.

Davis, Graham A., and John E. Tilton. 2005. "The Resource Curse." *Natural Resources Forum* 29 (3): 233–42. http://lawweb.colorado.edu/profiles/syllabi/banks/Davis%2520%2520Tilton%2520-%2520The%2520resource%2520curse.pdf.

Department of Energy and Climate Change, United Kingdom. 2011. "Guidance Notes for Industry on the Decommissioning of Offshore Oil and Gas Installations and Pipelines under the Petroleum Act, 1998." https://www.gov.uk/government/uploads/system/uploads/attachment_data/file/69754/Guidance_Notes_v6_07.01.2013.pdf.

Eggert, Roderick. 2011. "Critical Elements and Thin-Film Photovoltaics." Unpublished presentation presented at the National Renewable Energy Laboratory, Golden, Colorado, October 14.

EITI (Extractive Industries Transparency Initiative). 2013. "The EITI Standard." http://eiti.org/document/standard.

Frankel, Jeffrey A. 2010. " The Natural Resource Curse: A Survey." NBER Working Paper 15836, National Bureau of Economic Research, Cambridge, MA.

Gammon, John B. 2007. "A Draft Mineral Sector Policy Note for Serbia." World Bank, Washington, DC, unpublished.

Gelb, Alan. 2011. "Economic Diversification in Resource Rich Countries." In *Beyond the Curse: Policies to Harness the Power of Natural Resources*, ed. Rabah Arezki, Thorvaldur Gylfason, and Amadou Sy. Washington, DC: International Monetary Fund.

Ghana Public Interest and Accountability Committee. 2012. "Ghana Public Interest and Accountability Committee—Annual Report 2011." Ghana Public Interest and Accountability Committee, Accra, Ghana.

Government of Afghanistan. 2010. "National Extractive Industry Excellence Program." Ministry of Mines, Government of Afghanistan, Kabul. http://www.acbar.info/uploads/Publication/02_NEIEP_project_document_revised_29March2011.pdf.

Government of Canada. 2006. "Mining Kit for Aboriginal Communities: Mining Sequence." Since replaced by the *Exploration and Mining Guide for Aboriginal Communities*. http://www.nrcan.gc.ca/mining-materials/aboriginal/7819.

Government of Indonesia. 2014. "Implementatiasi UU RI Nomor 4 Tahum 2009 Dan DampaknyaTerhadap Kebijakan Hilirisasi Pertambagan Mineral Dan Batubara." Presentation made by the directorate-general, Mineral and Coal, Government of Indonesia, at a Ministry of Trade dissemination event, February.

Government of New South Wales, Department of Industry and Investment. 2010. "Rehabilitation Cost Estimate Guidelines." New South Wales, Australia. http://cer.org.za/wp-content/uploads/2011/10/AG_Report_on_abandoned_mines-Oct-2009.pdf.

———. 2012. "ESG2: Environmental Impact Assessment Guidelines." Mineral Resources Environmental Sustainability Unit, Maitland, Australia.

Government of Uganda. 2008. "National Oil and Gas Policy for Uganda." Ministry of Energy and Mineral Development, Government of Uganda, Kampala. http://www.acode-u.org/documents/oildocs/oil&gas_policy.pdf.

Guj, Pietro, Boubacar Bocoum, James Limerick, Murray Meaton, and Bryan Maybee. 2013. *How to Improve Mining Tax Administration and Collection Frameworks: A Sourcebook*. Washington, DC: World Bank. http://www-wds.worldbank.org/external/default/WDSContentServer/WDSP/IB/2013/10/11/000442464_20131011125523/Rendered/PDF/818080WP0P12250Box0379844B00PUBLIC0.pdf.

Gupta, Sanjeev, Alvar Kangur, Chris Papageorgiou, and Abdoul Wane. 2011. "Efficiency-Adjusted Public Capital and Growth." IMF Working Paper 11/217, International Monetary Fund, Washington, DC. http://www.imf.org/external/pubs/ft/wp/2011/wp11217.pdf.

Gylfason, Thorvaldur, Tryggvi Thor Herbertsson, and Gylfi Zoega. 1999. "A Mixed Blessing: Natural Resources and Economic Growth." *Macroeconomic Dynamics* 3: 205–25.

Halland, Håvard, John Beardsworth, Bryan Land, and James Schmidt. 2014. "Resource Financed Infrastructure: A Discussion on a New Form of Infrastructure Financing." World Bank Studies Series. http://www-wds.worldbank.org/external/default/WDSContentServer/WDSP/IB/2014/06/06/000333037_20140606143941/Rendered/PDF/884850PUB0Box300EPI2102390May292014.pdf.

Halvorsen, Robert, and Tim R. Smith. 1991. "A Test of the Theory of Exhaustible Resources." *The Quarterly Journal of Economics* 106 (1): 123–40.

Hausman, Ricardo, Bailey Klinger, and Robert Lawrence. 2007. "Examining Beneficiation." Working Paper, Center for International Development, Kennedy School of Government, Harvard University.

Heller, Patrick, Paasha Mahdavi, and Johannes Schreuder. 2014. "Reforming National Oil Companies: Nine Recommendations." Natural Resource Governance Institute. http://www.resourcegovernance.org/publications/reforming-national-oil-companies-nine-recommendations.

Heum, Per. 2008. "Local Content Development—Experiences from Oil and Gas Activities in Norway." SNF Working Paper 02/08, Bergen, Norway.

Hotelling, Harold. 1931. "The Economics of Exhaustible Resources." *Journal of Political Economy* 39 (2): 137–75.

ICMM (International Council on Mining and Metals). 2005. "Financial Assurance for Mine Closure and Reclamation." ICMM report, International Council on Mining and Metals, London. http://www.icmm.com/document/282.

———. 2013. "Approaches to Understanding Development Outcomes from Mining." ICMM report, International Council on Mining and Metals, London. http://www.icmm.com/document/5774.

IFC (International Finance Corporation). 2013. "Fostering the Development of Greenfield Mining-Related Transport Infrastructure through Project Financing." IFC, Washington, DC. http://www.ifc.org/wps/wcm/connect/c019bf004f4c6ebfbd99ff032730e94e/Mine+Infra+Report+Final+Copy.pdf?MOD=AJPERES.

IMF (International Monetary Fund). 2007. *Guide on Resource Revenue Transparency*. Washington, DC: IMF.

———. 2012. *Macroeconomic Policy Frameworks for Resource-Rich Developing Countries.* Washington, DC: IMF.

International Bar Association. 2011. "Model Mining Development Agreement Project." http://www.mmdaproject.org/.

Johnson, Robert C., and Guillermo Noguera. 2012. "Fragmentation of Trade in Value Added Over Four Decades." NBER Working Paper 18186, National Bureau of Economic Research, Cambridge, MA.

Jourdan, Paul. 2014. "Ownership and Mineral-based Development: The Role of State Institutions in the Minerals and Energy Sector." Presentation given at the Botswana Confederation of Commerce, Industry and Manpower Workshop, Maun, November.

Kaneva, Natasha. 2014. *Metals Outlook: Exploring Bull and Bear Risk Factors.* J.P. Morgan Commodities Research.

Kapstein, Ethan, and Rene Kim. 2011. *The Socio-Economic Impact of Newmont Ghana Gold Limited.* Accra: Stratcomm Africa. http://www.newmont.com/files/doc_downloads/africa/ahafo/environmental/Socio_Economic_Impact_of_Newmont_Ghana_Gold_July_2011_0_0.pdf.

Land, Bryan. 2010. "Resource Rent Taxes: A Re-appraisal." In *The Taxation of Petroleum and Minerals, Principles, Problems, and Practice*, ed. Philip Daniel, Michael Keen, and Charles McPherson. London and New York: Routledge.

Londono, David, and Benjamin Sanfurgo. 2014. "Technical Report on the Lumwana Mine, North-Western Province, Republic of Zambia." NI 43–101 Technical Report, Barrick Gold Corporation, Toronto, Canada.

Malenbaum, Wilfred. 1975. "Law of Demand for Minerals." *Proceedings of the Council of Economics*, 104th AIME Annual Meeting, New York.

———. 1978. *World Demand for Raw Materials in 1985 and 2000.* New York: McGraw Hill.

Matsuyama, K. 1992. "Agricultural Productivity, Comparative Advantage, and Economic Growth." *Journal of Economic Theory* 58: 317–443.

Mayorga Alba, Eleodoro. 2009. "Extractive Industries Value Chain: A Comprehensive Integrated Approach to Developing Extractive Industries." Africa Region Working Paper Series #125, Extractive Industries for Development Series #3, World Bank, Washington, DC.

McLure, Charles E. 2003 "The Assignment of Oil Tax Revenue." Chapter 8 in *Fiscal Policy Formulation and Implementation in Oil-Producing Countries*, ed. J. M. Davis, R. Ossowski, and A. Fedelino. Washington, DC: IMF.

McPherson, Charles. 2010. "State Participation in the Natural Resource Sectors: Evolution, Issues, and Outlook." In *The Taxation of Petroleum and Minerals, Principles, Problems, and Practice*, ed. Philip Daniel, Michael Keen, and Charles McPherson. London and New York: Routledge.

Mehlum, Halvor, Karl Moene, and Ragnar Torvik. 2006. "Institutions and the Resource Curse." *The Economic Journal* 116: 1–20.

Miller, Robert A. 2000. "Ten Cheaper Spades: Production Theory and Cost Curves in the Short Run." *Journal of Economic Education* (Spring): 119–30.

Minerals Council of Australia. 2015. "Life Cycle of a Mine" (accessed March 20, 2015). http://www.minerals.org.au/resources/gold/life_cycle_of_a_mine.

MinEx Consulting Pty Ltd. 2013. "Long Term Outlook for the Global Exploration Industry—Gloom or Boom?" Presentation by Richard Schodde to the Geological Society of South Africa—GeoForum 2013 Conference, Johannesburg, South Africa, February 5.

MonTec. 2007. "Guidelines on Financial Guarantees and Inspections for Mining Waste Facilities." European Commission, Director General for Environment. http://ec.europa.eu/environment/waste/mining/pdf/EU_Final_Report_30.04.08.pdf.

Mullins, Peter. 2010. "International Tax Issues for the Resources Sector." In *The Taxation of Petroleum and Minerals, Principles, Problems, and Practice*, ed. Philip Daniel, Michael Keen, and Charles McPherson. London and New York: Routledge.

Nair, Arvind, and Yue Man Lee. 2014. "A Closer Look at Indonesia's Unprocessed Mineral Export Ban." *The Indonesia Economic Quarterly*, March 2014, World Bank, Washington, DC.

Nakhle, Carloe. 2010. "Petroleum Fiscal Regimes: Evolution and Challenges." In *The Taxation of Petroleum and Minerals, Principles, Problems, and Practice*, ed. Philip Daniel, Michael Keen, and Charles McPherson. London and New York: Routledge.

Natural Resources Canada. 2012. "Mining Information Kit for Aboriginal Communities." http://www.pdac.ca/pdac/advocacy/aboriginal-affairs/2006-mining-toolkit-eng.pdf.

———. 2013. "Feasibility Studies Table." Minerals and Metals Sector, Natural Resources Canada.

Newmont. 2013. "Mining 101: Understanding the Different Phases of Mine Operations." Blog entry, *Our Voice—Blog*, Newmont.com, August 12. http://www.newmont.com/our-voice-blog/2013/Mining-101-Understanding-the-Different-Phases-of-Mine-Operations/default.aspx?view=details&item=Mining-101-Understanding-the-Different-Phases-of-Mine-Operations.

Nordhaus, William D., and Edward C. Kokkelenberg, eds. 1999. *Nature's Numbers: Expanding the National Economic Accounts to Include the Environment*. Washington, DC: National Academy Press.

Noreng, Oystein. 2005. "Norway: Economic Diversification and the Petroleum Industry." In *The Gulf Oil and Gas Sector: Potential and Constraints*. Abu Dhabi, UAE: The Emirates Center for Strategic Studies and Research.

OECD (Organisation for Economic Co-operation and Development). 2010. "The Economic Impact of Export Restrictions on Raw Materials." http://dx.doi.org/10.1787/9789264096448-en.

———. 2014. "Volume Measurement of Stocks of Natural Resources." COM/ENV/STD(2012)2 JT03365606, background note, OECD, Paris, France.

Openoil. "Oil Contracts: How to Read and Understand Them." http://openoil.net/understanding-oil-contracts/.

Ortega Girones, Enrique, Alexandra Pugachevsky, and Gotthard Walser. 2009. "Mineral Rights Cadastre." World Bank Extractive Industries for Development Series #4, World Bank, Washington, DC. http://siteresources.worldbank.org/INTOGMC/Resources/Mining_Cadastre_Revised.pdf.

Ossowksi, Rolando, and Håvard Halland. Forthcoming, 2015. "Fiscal Management in Resource-Rich Countries. Vol. 2 of *Essentials for Economists, Public Finance Professionals, and Policy Makers*." World Bank Studies Series. Washington, DC: World Bank.

Otto, James, Frank Stermole, Fred Cawood, Pietro Guj, John Stermole, Michael Doggett, Craig Andrews, and John Tilton. 2006. "Mining Royalties: A Global Study of Their Impact on Investors, Government, and Civil Society." Report No. 37258, World Bank, Washington, DC. http://documents.worldbank.org/curated/en/2006/06/7045893/mining-royalties-global-study-impact-investors-government-civil-society-vol-1-2.

Parthemore, Christine. 2011. *Elements of Security Mitigating the Risks of U.S. Dependence on Critical Minerals*. Washington, DC: Center for a New American Security. http://www.cnas.org/files/documents/publications/CNAS_Minerals_Parthemore.pdf.

Peck, Philip, and Knut Sinding. 2009. "Financial Assurance and Mine Closure: Stakeholder Expectations and Effects for Operating Decisions." *Resources Policy* 34: 227–333.

Proserv Offshore. 2010. *Decommissioning Cost Update for Removing Pacific OCS Region Offshore Oil and Gas Facilities*. Final Report, Volume 1, Proserv Offshore, Houston, TX.

Provincial Government of Western Cape. 2005. "Guideline for Environmental Management Plans." Cape Town, South Africa. http://www.westerncape.gov.za/Text/2005/7/deadp_emp_guideline_june05_5.pdf.

Queensland Government. Undated. Guideline (a), "Preparing an Environmental Management Plan (Exploration Permit or Mineral Development License) for a Level 1 Mining Project."

Rajaram, Anand, Tuan Minh Le, Kai Kaiser, Jay-Hyung Kim, and Jonas Frank, eds. 2014. *The Power of Public Investment Management: Transforming Resources into Assets for Growth*. Washington, DC: World Bank.

Rajaram, Anand. 2012. "Improving Public Investment Efficiency." Presentation to the IMF conference "Management of Natural Resources in Sub-Saharan Africa," Kinshasa, March 21–22.

Rajaram, Anand, Tuan Minh Le, Nataliya Biletska, and Jim Brumby. 2010. "A Diagnostic Framework for Assessing Public Investment Management." Policy Research Paper 5397, World Bank, Washington, DC. http://elibrary.worldbank.org/doi/pdf/10.1596/1813-9450-5397.

Reedman, A. J., R. Callow, D. P. Piper, and D. G. Bate. 2008. "The Value of Geoscience Information in Less Developed Countries." Research Report CR/02/08, British Geological Survey, Nottingham, UK.

Rendu, Jean-Michel. 2014. *An Introduction to Cutoff Grade Estimation*. 2nd ed. Englewood, CO: Society for Mining Metallurgy and Exploration.

ResourceContracts.org. 2014. "Mining Contracts: How to Read and Understand Them." http://www.resourcecontracts.org.

Ricardo, David. 1821. "On the Principles of Political Economy and Taxation. Library of Economics and Liberty." Retrieved November 29, 2014. http://www.econlib.org/library/Ricardo/ricP1a.html.

Rio Tinto. 2013. *Rio Tinto 2013 Chartbook*. London, England: Rio Tinto Plc. http://www.riotinto.com.

Robinson, James A., Ragnar Torvik, and Thierry Verdier. 2006. "Political Foundations of the Resource Curse." *Journal of Development Economics* 79 (2): 447–68.

Rosenblum, Peter, and Susan Maples. 2009. *Contracts Confidential: Ending Secret Deals in the Extractives Industries*. New York: Revenue Watch Institute.

Ross, Kaiser, and Nimah Mazaheri. 2011. "The 'Resource Curse' in MENA? Political Transitions, Resource Wealth, Economic Shocks, and Conflict Risk." World Bank, Washington DC.

Sachs, Jeffrey, and Andrew Warner. 1995. "Natural Resource Abundance and Economic Growth." NBER Working Paper 5398, National Bureau of Economic Research, Cambridge, MA.

Sassoon, Meredith. 2009. "Guidelines for the Implementation of Financial Surety for Mine Closure." World Bank, Washington, DC. http://siteresources.worldbank.org/INTOGMC/Resources/7_eifd_financial_surety.pdf.

SEADI (Support for Economic Analysis Development in Indonesia). 2013. "The Economic Effects of Indonesia's Mineral-Processing Requirements for Export." USAID, Washington DC. http://pdf.usaid.gov/pdf_docs/pbaaa139.pdf.

Smith, E., and P. Rosenblum. 2011. *Enforcing the Rules: Government and Citizen Oversight of Mining*. New York: Revenue Watch Institute (now the Natural Resource Governance Institute). http://www.revenuewatch.org/sites/default/files/RWI_Enforcing_Rules_full.pdf.

SPE (Society of Petroleum Engineers), AAPG (American Association of Petroleum Geologists), WPC (World Petroleum Council), SPEE (Society of Petroleum Evaluation Engineers), and SEG (Society of Exploration Geophysicists). 2011. "Guidelines for Application of the Petroleum Resources Management System." http://www.spe.org/industry/docs/PRMS_Guidelines_Nov2011.pdf.

Stanley, Michael, and Adriana Eftimie. 2005. *Government Support for Sustainability of Extractive Industries*. Washington, DC: World Bank.

Stanley, Michael, and Ekaterina Mikhaylova. 2011. "Mineral Resource Tenders and Mining Infrastructure Projects: Guiding Principles." Working Paper 65503, World Bank, Washington, DC. http://documents.worldbank.org/curated/en/2011/09/15476393/mineral-resource-tenders-mining-infrastructure-projects-guiding-principles.

Statistics Canada. 2006. "Concepts, Sources, and Methods of the Canadian System of Environmental and Resource Accounts." Catalogue No. 16-5-5-GIE. http://www.statcan.gc.ca/pub/16-505-g/16-505-g1997001-eng.pdf.

Tilton, John. 1985. "The Metals." In *Economics of the Mineral Industries*, 384–415. 4th ed. New York: AIME.

Tordo, Silvana, David Johnston, and Daniel Johnston. 2010. "Petroleum Exploration and Production Rights: Allocation Strategies and Design Issues." Working Paper 179, World Bank, Washington, DC. http://elibrary.worldbank.org/doi/pdf/10.1596/978-0-8213-8167-0.

Tordo, Silvana, Michael Manzano Warner, and Yahya Osmel Anouti. 2013. " Local Content Policies in the Oil and Gas Sector." http://elibrary.worldbank.org/doi/pdf/10.1596/978-0-8213-9931-6.

Torvik, Ragnar. 2001. "Learning by Doing and the Dutch Disease." *European Economic Review* 45: 285–306. http://www.sv.ntnu.no/iso/Ragnar.Torvik/science.pdf.

———. 2002. "Natural Resources, Rent Seeking, and Welfare." *Journal of Development Economics* 67: 455–70.

UN (United Nations). 2010. "United Nations Framework Classification for Fossil Energy and Mineral Reserves and Resources 2009," 39. ECE Energy Series, United Nations Economic Commission for Europe, Geneva, Switzerland. http://www.unece.org/energy/se/unfc_2009.html.

UN, EU (European Union), FAO (Food and Agriculture Organization of the United Nations), IMF, OECD, and World Bank. 2014. "System of Environmental-Economic

Accounting 2012—Central Framework." United Nations, New York. http://unstats.un.org/unsd/envaccounting/seeaRev/SEEA_CF_Final_en.pdf.

UNCTAD (United Nations Conference on Trade and Development). 2013. " Time Series on Inward and Outward Foreign Direct Investment Flows, Annual, 1970–2012." Data compiled by the *Financial Times*, August 19, "Offshore Centres Race to Seal Africa Investment Tax Deals." http://www.ft.com/intl/cms/s/0/64368e44-08c8-11e3-ad07-00144feabdc0.html.

van der Ploeg, Frederick. 2011. "Natural Resources: Curse or Blessing?" *Journal of Economic Literature* 492: 366–420.

van der Ploeg, Frederick, and Steven Poelhekke. 2010. "The Pungent Smell of 'Red Herrings': Subsoil Assets, Rents, Volatility, and the Resource Curse." *Journal of Environmental Economics and Management* 60: 44–55.

Westgate, Leon. 2014. "2014 LME Week Annual Report." Standard Bank Group, London, England.

Wood Mackenzie. 2013. "C1 Composite Cost Curve of Copper Mine Production (2013)." Graphical representation.

World Bank. 2010a. *Mining Community Development Agreements—Practical Experiences and Field Studies*. Washington, DC: World Bank. http://www.sdsg.org/wp-content/uploads/2011/06/CDA-Report-FINAL.pdf.

———. 2010b. *Mining Foundations, Trusts and Funds: A Sourcebook*. June 2010. Washington, DC: World Bank. http://siteresources.worldbank.org/EXTOGMC/Resources/Sourcebook_Full_Report.pdf.

———. 2010c. "Towards Sustainable Decommissioning and Closure of Oil Fields and Mines: A Toolkit to Assist Government Agencies." http://siteresources.worldbank.org/EXTOGMC/Resources/336929-1258667423902/decommission_toolkit3_full.pdf.

———. 2011a. "Overview of State Ownership in the Global Minerals Industry." Extractive Industries for Development Series #20, World Bank, Washington, DC. http://siteresources.worldbank.org/INTOGMC/Resources/GlobalMiningIndustry-Overview.pdf.

———. 2011b. *Sharing Mining Benefits in Developing Countries. The Experience with Foundations, Trusts, and Funds*. Extractive Industries for Development Series No. 21. Washington, DC: World Bank. http://www-wds.worldbank.org/external/default/WDSContentServer/WDSP/IB/2011/06/14/000333037_20110614052552/Rendered/PDF/624980NWP0P1160ns00trusts0and0funds.pdf.

World Bank Institute. "Extractives Industries Contract Monitoring Roadmap." World Bank, Washington, DC.

Zientek, Michael L., James D. Bliss, David W. Broughton, Michael Christie, Paul D. Denning, Timothy S. Hayes, Murray W. Hitzman, John D. Horton, Susan Frost-Killian, Douglas J. Jack, Sharad Master, Heather L. Parks, Cliff D. Taylor, Anna B. Wilson, Niki E. Wintzer, and Jon Woodhead. 2014. "Sediment-Hosted Stratabound Copper Assessment of the Neoproterozoic Roan Group, Central African Copperbelt, Katanga Basin, Democratic Republic of the Congo and Zambia." Scientific Investigations Report 2010–5090–T, Prepared by the U.S. Geological Survey, Reston, Virginia. http://dx.doi.org/10.3133/sir20105090T.